Gerda Brömel
Meine schönsten Reisen (4)
Auf dem Irawadi
durch
Myanmar [Birma]

AF200220

Gerda Brömel lebt in Mönkeberg an der Kieler Förde. Bis zu ihrem Ruhestand war sie in der Verwaltung verschiedener Institutionen tätig. Danach begann sie mit ihrer literarischen Arbeit. Inzwischen hat sie zahlreiche Bücher mit Kurzgeschichten sowie zwei Romane veröffentlicht. Daneben betätigt sie sich als Herausgeberin/Bearbeiterin von Texten fremder Autoren.

Ihre große Leidenschaft neben der Literatur und Musik sind Fernreisen, die sie im Laufe vieler Jahre zu Zielen auf allen Kontinenten führten. In der Reihe »Meine schönsten Reisen« erscheint hier das Vierte ihrer unterwegs geführten Reisetagebücher.

Gerda Brömel

Meine schönsten Reisen (4)
Auf dem Irawadi
durch
Myanmar
[Birma]

»... dies ist Birma,
und es wird wie kein anderes Land sein,
das Du kennst.«
(Rudyard Kipling, 1865 – 1936)

*Bibliografische Information der Deutschen Natio-
nalbibliothek:*
*Die Deutsche Nationalbibliothek verzeichnet diese
Publikation in der Deutschen Nationalbibliogra-
fie; detaillierte bibliografische Daten sind im In-
ternet über <u>http://dnb.dnb.de</u> abrufbar.*

Titel   : Flussschiff PANDAW II
Rücktitel: Kinder einer Klosterschule für Waisen

Copyright © Text und Fotos 2017: Gerda Brömel
Sämtliche Rechte liegen bei der Autorin

Herstellung und Verlag:
BoD – Books on Demand, Norderstedt
ISBN 9783744864411

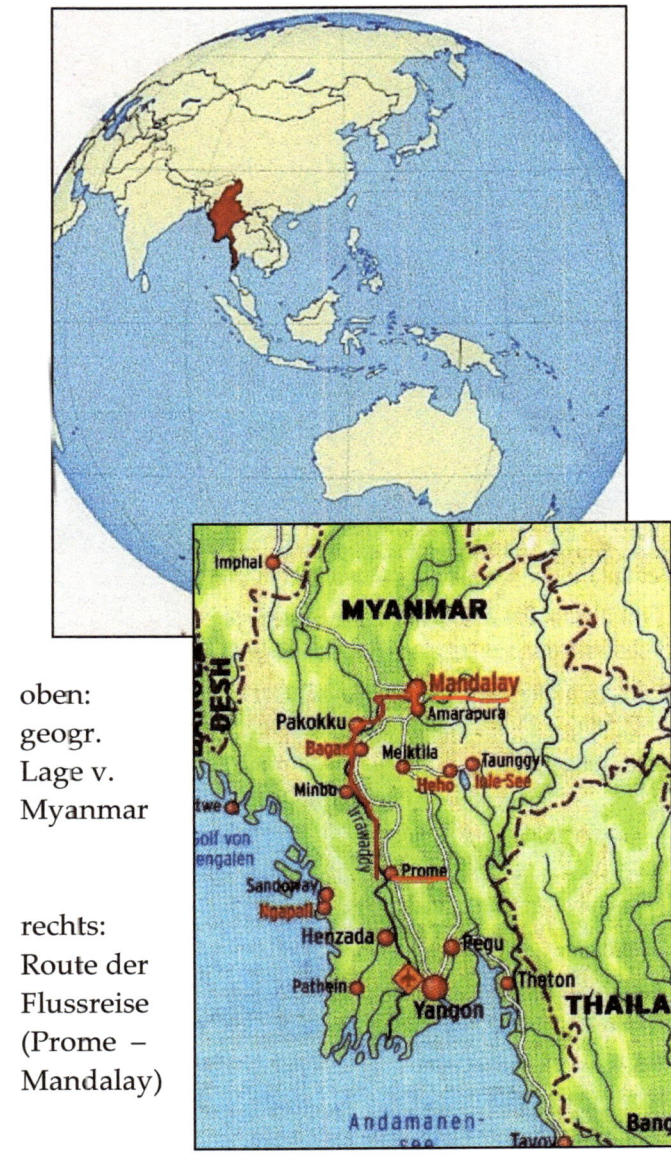

oben:
geogr.
Lage v.
Myanmar

rechts:
Route der
Flussreise
(Prome –
Mandalay)

Inhalt

Abbildungen

Vorbemerkungen

Myanmar (vormals Birma oder Burma) mit seinen rd. 50.000.000 Einwohnern ist bei uns noch ein weithin unbekanntes Land. Es grenzt an Thailand, Laos, VR China, Indien, Bangladesch und den Golf von Bengalen. Seine Grundfläche ist ungefähr doppelt so groß wie die der Bundesrepublik Deutschland.

Zur Zeit der Reise, die diesem Bericht zugrunde liegt (2003), wurde Myanmar von einer überwiegend aus Militärs bestehenden Regierung geführt, und zwar unter Missachtung des bei Wahlen bekundeten Volkswillens. Amnesty International und Human Rights Watch machten wiederholt die Weltöffentlichkeit auf Menschenrechtsverletzungen in Myanmar aufmerksam. Am bekanntesten war der Fall der Friedensnobelpreisträgerin von 1991 Aung San Suu Kyi. Sie wurde durch die Militärjunta mehrfach – zuletzt im Mai 2003 – widerrechtlich verhaftet. Erst aufgrund internationalen Drucks wurde sie nach drei

Monaten freigelassen, jedoch unter Hausarrest gestellt. – Im Juni 2003 weiteten die USA und die EU das bestehende Waffenembargo gegen Myanmar auch auf ein Handelsembargo aus.

Unmittelbar vor Reiseantritt war in den Zeitungen zu lesen, als eine der letzten großen internationalen Firmen hätte Siemens sich aus Myanmar zurückgezogen. Eine Eilmeldung unseres Reiseveranstalters erreichte uns: Kreditkarten könnten im Lande nicht mehr eingesetzt werden. Das bedeutete für uns, größere Mengen an Bargeld mitzunehmen.

Myanmar sei ein »touristisches Schwellenland«, informierten uns sowohl unser Reiseveranstalter als auch auf seiner Internetseite das deutsche Auswärtige Amt. Dies bedeutet neben anderem, dass es eine medizinische Versorgung nach westlichem Standard nicht gab. Reisenden wurde geraten, in medizinischen Notfällen nach Bangkok (Thailand) zu fliegen und dort ein Krankenhaus aufzusuchen. Aus diesem Grunde wurde meine Reiseapotheke umfangreicher als gewöhnlich, sogar ein Fieberthermometer nahm ich mit.

In Bangkok, wo im Anschluss an die Flussreise ein dreitägiger Stopover vorgesehen war, sollte demnächst eine APEC-Konferenz (Asia-

Pacific Economic Cooperation) stattfinden. Mit terroristischen Anschlägen in Thailands Hauptstadt sei zu rechnen, meldeten die Medien. Die ersten APEC-Aktivitäten würden am 13. Oktober beginnen, also einen Tag vor unserem Rückflug.

Mir war etwas mulmig zumute. Aber dennoch konnte all dies uns von der Reise nach Myanmar mit der Flussfahrt auf dem Irawadi (engl.: Irrawaddy, birmanisch: Ayeyarwaddy) nicht abhalten. Besonders deshalb nicht, weil wir bereits mehrfach Versuche dazu unternommen hatten – zuletzt 2002 –, die dann jeweils aus verschiedenen Gründen scheiterten.

***

Myanmars Geschichte (ein knapper Abriss): Von 1044 – 1885 war Myanmar ein Königreich mit drei aufeinander folgenden Dynastien. Nach dem 3. anglo-birmanischen Krieg (1885 – 1886) gehörte es zu Britisch-Indien. 1940 verließen die Briten Birma vor eindringenden Japanern; 1947 befreiten sie es von ihnen. 1948 erhielt Birma seine Unabhängigkeit, es folgte eine demokratische Phase. Ab 1962 herrschen verschiedene Militärregimes. Seit 1989 führt Birma wieder seinen historischen Namen Myanmar.

Myanmar heute: [Fakten aus: www.bpb.de (Bundeszentrale für politische Bildung, Jasmin Lorch 01.03.2017)]

Nach rund einem halben Jahrhundert Militärherrschaft hat Myanmar seit März 2016 eine gewählte Regierung erstmals mit einem zivilen Staatsoberhaupt. Der Wahlsiegerin und Führerin der NLD (Nationalliga für Demokratie) Aung Sang Suu Kyi war dieses Amt allerdings verwehrt. Lt. Verfassung darf das Staatsoberhaupt keinen ausländischen Ehepartner und auch keine Kinder mit ausländischer Staatsbürgerschaft haben. Suu Kyis verstorbener Ehemann war Brite, ihre Söhne besitzen ebenfalls die britische Staatsbürgerschaft. Staatspräsident wurde Htin Kyaw, ein enger Freund der Politikerin. Sie selbst wurde Außenministerin und übernahm das eigens für sie geschaffene Amt der obersten Regierungsberaterin (State Councellor). De facto steht die Friedensnobelpreisträgerin Aung Sang Kuu Kyi an der Spitze der Regierung.

Yangon [Rangun]

Sonntag, 28. September. Die Boeing 747 der Thai Air trägt über die ganze Länge ihres Rumpfes eine fantasievolle bunte Bemalung: Ruderer in einem historischen Langboot, dessen Heck einem Vogel oder einer Schlange gehören könnte. Die Buchstaben APEC am Bug der Maschine weisen auf die bevorstehende bedeutende Wirtschaftskonferenz Asiens hin.

Unsere Plätze auf dem Upperdeck erreichen wir über eine schmale Wendetreppe. Die Sitze sind hier nicht ganz so komfortabel wie wir sie in anderen Maschinen zu schätzen wissen, aber der Service und die Mahlzeiten sind hervorragend. Allerdings bedienen uns statt der erwarteten zierlichen Thai-Mädchen etwas fülliger gewordene Thai-Muttis. Vor dem Take-off stehen wir ungefähr eine Stunde mit unserer Maschine auf dem Rollfeld. Etwas unruhig werde ich, als ich zwei Löschwagen der Flughafenfeuerwehr heranrollen sehe, die am Heck der Boeing stehen bleiben und hin und wieder einen starken Wasserstrahl abschießen. Der Flugkapitän lässt sich reichlich Zeit, seine Passagiere zu informieren: Zuviel aufgenommenes Kerosin habe im Tank einen Überdruck erzeugt und ein Ventil herausgedrückt, sodass Treibstoff ausgelaufen sei. Das überflüssige Kerosin werde jetzt herausgepumpt.

Unsere Zwischenstation Bangkok erreichen wir am frühen Morgen des 29. September. Hier steigen wir um in eine kleinere Thai-Air-Maschine nach Yangon. Unterwegs müssen wir einen Vordruck ausfüllen und versichern, nicht an SARS zu leiden (severe acute respiratory syndrome), einer vor einem Jahr aufgetauchten, meistens tödlich verlaufenden Atemwegserkrankung.

In Yangon, Myanmars Hauptstadt[1], nehmen wir gegen zehn Uhr morgens das Gepäck vom Band und fahren mit zwei Bussen ins Hotel.

Das Kandaw Gyi Palace liegt am Königssee, den wir von unserem Zimmer aus durch üppig wucherndes Grün des Hotel-Parks

---

[1] seit 2005 ist Naypyidaw Hauptstadt

schimmern sehen. Die Königs- und Kokos-
palmen reichen bis zu unserem Fenster, vor
dem zusätzlich ein tiefes Vordach direkte
Sonneneinstrahlung verhindert. Durch die
Flurfenster auf der anderen Seite des Gebäudes sehen wir schon die goldenen Kuppeln
der berühmten Shwedagon Pagode glänzen.

Nach dem Mittags-Büfett haben wir eine
knappe Stunde Zeit zum Regenerieren, bevor
die Besichtigungstour startet. Reiseleiter ist
der Holländer Mikel; ihn kennen und schätzen wir bereits von anderen Reisen. Die einheimischen Reiseleiter sind Herr Thung und
Frau Kalya, die beide den hier üblichen langen Wickelrock tragen, den Longyi. Herr
Thung wird ständiger Reiseleiter für unseren
Bus, Frau Kalya für den anderen der Reise-
gruppe.

Herr Thung ist ein junger Mann von An-
fang Dreißig. Er bemüht sich sehr, verständli-
ches Deutsch zu sprechen. Und wenn man
bedenkt, dass er es sich im Selbststudium bei-
gebracht hat, muss man ihn wirklich bewundern. Wie er uns erklärt, gebe es kein Wörter-
buch deutsch – birmanisch oder birmanisch –
deutsch. Und so habe er unsere Sprache über
den Umweg birmanisch – englisch / englisch –

deutsch gelernt. Für uns selbst bleibt leider »Mingalabá!« (»Guten Tag!« oder »Hallo!«) das erste und auch das einzige Wort in Landessprache, das wir lernen.

Die zierliche und hübsche Frau Kalya ist nur wenig älter als ihr Kollege. Wie sie uns erzählt, hat sie mit ihren Eltern bis zu ihrem zwölften Lebensjahr in Deutschland gelebt; sie spricht fließendes und sogar akzentfreies Deutsch. Sie ist mit einem Arzt verheiratet, hat eine Tochter und eine Kinderfrau und gehört somit wohl zur Upper(middle)class. Jeden Tag trägt sie einen anderen Longyi, der einfarbig, gemustert oder mit einer Bordüre versehen ist. Dazu zieht sie farblich passende, meistens vorn durchgeknöpfte, knapp sitzende Oberteile mit kleinem Ausschnitt und engen Halbärmeln an. Sie nähe sie selbst, erklärt sie. Der Longyi – eine zirka eineinhalb Meter lange Stoffbahn, deren Schmalseiten zusammengenäht wurden – wird straff gewickelt und der letzte Zipfel des überschüssigen Teils links an der Taille nach innen gesteckt. Frau Kalya verrät, dass die Frauen ihren Longyis häufig einen dünnen Stoffstreifen an der Oberkante gegennähen. Auf diese Weise rutsche er an der Taille nicht so leicht auseinan-

16

der. Die Männer verknoten ihren Longyi vorn in der Mitte und ziehen das oben liegende Ende des Stoffknotens breit auseinander. Sehr haltbar ist dies offenbar nicht. Denn ständig sieht man Männer, die dabei sind, ihren Longyi neu zu wickeln.

Wie hier allgemein üblich, tragen Herr Thung und Frau Kalya Ledersandalen mit Riemen zwischen dem großen und dem zweiten Zeh. Auch wir haben fersenfreie Sandalen mit, um schnell aus den Schuhen heraus- oder wieder hineinschlüpfen zu können. Denn der heilige Boden einer Pagode – wozu auch das umgebende Gelände zählt – darf nur barfuß betreten werden. Zu unserer eigenen Überraschung empfinden wir das Barfußlaufen bald sogar als sehr angenehm.

Es ist Ende der Regenzeit und daher sehr warm und schwül – tagsüber sind es meistens mehr als 30 °C. Heute Nachmittag bringt uns der Bus mit Herrn Thung zum Scott Market, der in einer riesigen Halle abgehalten wird. Außer Obst, Gemüse und Lebensmitteln werden alle Güter des täglichen Bedarfs angeboten. Einige unserer Mitreisenden kaufen sich hier spontan einen Longyi, den sie dann später an Bord stolz vorführen. Für unsere Exkursionen erweisen sich jedoch lange Hosen als sehr viel praktischer.

Wir haben reichlich Zeit, uns auf dem Markt umzusehen. Da wir nichts kaufen wollen, spazieren Heinrich und ich auch ein wenig in der Umgebung herum. Dabei kommen wir auf eine Fußgängerbrücke, die über rostige Eisenbahnschienen führt. Hier versuchen Leute, mit dem Verkauf von etwas Obst oder gebrauchten Utensilien ein paar Kyat (Landeswährung) zu verdienen.

Nach ungefähr einer Stunde fahren wir weiter zur Shwedagon Pagode. Sie gilt als *das* bedeutende Bauwerk des Buddhismus und gleichzeitig als Nationalheiligtum. Hier folgt ein Zitat aus einem Papier des Myanmar-Touristik-Unternehmens: »Eine Pagode ist ein glockenförmiger Stupa [Turm], der meist auf einem terrassenförmigen Sockel errichtet ist. Der Stupa beherbergt eine Reliquienkammer und dient als Erinnerungsmal. […] Der Stupa der Shwedagon Pagode ist ausgestattet mit 8.688 Goldplatten, 5.448 Diamanten mit über 2.000 Karat und mit 2.317 Rubinen, Saphiren und Topasen. Ein riesiger Smaragd fängt die ersten und die letzten Sonnenstrahlen des

19

Tages ein. Der Hti [eine Art Krone] und die Spitze sind mit 1.065 goldenen und 420 silbernen Glocken verziert.« In dem über und über vergoldeten Stupa sollen sich acht Haare Buddhas befinden. Um diesen grandiosen Mittelpunkt gruppieren sich zahlreiche Tempel, Schreine, Versammlungshallen sowie kleinere goldblinkende, stumpfe und spitze Stupas – der Eindruck ist überwältigend!

Barfuß wandeln wir über den sonnenwarmen Marmorboden und erkunden das Gelände. Währenddessen beobachten wir Gläubige, die einzelne Buddha-Figuren reinigen, indem sie sie mit Wasser übergießen. Eine Gruppe junger Frauen fegt nebeneinander in langer Reihe mit Strohbesen den ohnehin schon sauberen Boden, und eine andere Gruppe wischt ihn – ebenfalls nebeneinander in einer Reihe – mit einem ungefähr 15 m langen nassen Lappen.

Im Arakan-Pavillon sehen wir einen liegenden 8,5 m langen Buddha. Sein Kopf ist nach Norden gerichtet: Dies bedeutet, dass er sich im Übergangsstadium zum Nirwana befindet. Auf dem weitläufigen Platz mit der sternförmigen Wunsch-Erfüllungsstelle knien zahlreiche Gläubige, in einigen empeln sitzen in rote Wickelschärpen gekleidete Mönche und Novizen.

Es wird schon dämmerig, als wir zurück ins Hotel fahren. Von der Pracht auf dem Pagodengelände fühlen wir uns geradezu erschlagen. »Armes reiches Land«, »Goldenes Lächeln« oder »Buddhas armes, goldenes Reich« sind Titel von Berichten, die wir vor unserer Reise gelesen haben. Die in einem dieser Berichte zitierte Aussage »Wir brauchen all unser Gold für die Tempel«, die Herr Thung uns gegenüber bestätigt, erklärt vermutlich die sichtbare Armut der Bevölkerung.

Trotz dieser Armut fallen dem »reichen« Touristen die Freundlichkeit und Hilfsbereitschaft der Leute auf. Dies besonders auf dem Lande, wie wir im Laufe der Reise feststellen werden. Ganz offensichtlich geht es gläubigen Buddhisten dabei aber auch um das Karma. Denn nach buddhistischer Lehre wird das dem Einzelnen zugewiesene künftige Schicksal durch die guten und bösen Taten des jetzigen Lebens sowie der vorherigen bestimmt.

Während des Abendessens im Hotel hören wir westliche Operettenmelodien von Franz Lehár und anderen Komponisten vergangener

Zeiten. Sie kommen aus der Hotelhalle, und zwar von einem kleinen Balkon, der aussieht, als hätte man ihn nachträglich oben an die Wand geklebt. Auf kleinstem Raum stehen dort in Abendanzügen die Musiker: ein Geiger, ein Cellist und ein Flötist. Die Halle selbst ist in einzelne Barbereiche aufgeteilt. Auf verschiedenen Ebenen finden sich verstreut stehende Polstersitzgruppen und kleinere und größere Blumenbeete, Kübelpflanzen und Springbrunnen. Etwas erhöht steht ein Konzertflügel, und an anderer Stelle eine Holzdschunke, in der sich Lautsprecherboxen verstecken.

Mit dem Bus zum Flussschiff

Am 30. September brechen wir früh-morgens auf, um mit dem Bus zu unserem Flussschiff zu fahren, das in Prome (Pyay) liegt.

Unterwegs machen wir einen ersten Halt am Friedhof für 27.000 gefallene britische Soldaten, die das Land 1947 von den Japanern zurückerobert hatten. Die sehr gepflegte und aufwendig gestaltete Anlage wurde gestiftet und wird unterhalten von der birmanischen Bevölkerung – so heißt es auf einer Inschrift. »Their Names Lived For Evermore« wurde hier in Stein gemeißelt. Es gibt ein Gedenkbuch, in das ich mich eintrage – sozusagen als höfliche Geste. »Danke schön«, sagt der Wärter anschließend auf Deutsch.

Es folgen noch andere Besichtigungspunkte. So besuchen wir einen Tempel, in dem eine Buddha-Figur thront, die eine Brille trägt. Ein reicher Mann habe diese Anlage bauen lassen, erklärt Herr Thung, und zwar, nachdem er

von einer Augenkrankheit geheilt worden war. Einen weiteren Stopp legen wir bei einer Schule oder Akademie für Mönche ein, zu der natürlich eine Pagode gehört. Bemerkenswert sind hier neun lebensgroße hölzerne Mönchsfiguren, die hintereinander angeordnet im Freien stehen und einem ebenfalls hölzernen Buddha folgen.

Die feuchte Hitze ist inzwischen fast unerträglich geworden, und wir sind ziemlich erschöpft. Zu allem Überfluss versagt bei einem Stopp auch noch die Motorkühlung unseres Busses. Vergeblich versucht der Fahrer, den Schaden zu beheben. Daher müssen wir in den zweiten Bus umsteigen, in dem bei der Gesamtzahl von nur 40 Reisenden zum Glück genügend freie Plätze vorhanden sind. Aber das Umsteigen und Umladen des Gepäcks wird bei diesen Temperaturen eine anstrengende Angelegenheit. Wir freuen uns schon auf die versprochene Siesta, während der wir uns wieder etwas erholen können.

Gegen Mittag erreichen wir Prome, wo unser Schiff, die PANDAW II liegt. Richtige Anlegestellen am Fluss gibt es nicht. Stattdessen wird einfach ein Holzpflock in den Uferboden geschlagen, das Schiffstau als Schlinge darüber geworfen und dann die Gangway ausgelegt. Es ist eine Gangway aus Metallrippen. Ein Geländer besitzt sie nicht, dafür aber an einer Seite ein gespanntes Tau. Sowie wir an Bord sind, ziehen wir unsere oft mit Lehm beschmutzten Schuhe aus und schlüpfen in bereitstehende, recht komfortable Latschen. Dies wird während der ganzen Reise so gehandhabt. Beim Verlassen des Schiffs ziehen wir unsere inzwischen von der Crew gesäuberten Schuhe wieder an.

Aus der ersehnten Siesta wird nichts, denn nach dem Mittagessen an Bord geht es gleich weiter mit Besichtigungen. Mit dem Bus fahren wir in den Ort und dort zur Shwesandaw Pagode (eine Pagode gleichen Namens gibt es auch in Bagan. Shwe bedeutet übrigens »gold«). Unterwegs kommen wir an wie verloren mitten in den Reisfeldern stehenden Pagodenruinen vorbei. Sie gehörten zu einem religiösen Zentrum, das es hier vor rd. zweitausend Jahren gegeben hat.

Die Shwesandaw Pagode steht auf einem Hügel, den wir mit einem Lift erreichen. Immer noch ist es sehr heiß. Von oben blicken wir hinunter auf den Irawadi und auf eine grüne Landschaft mit vielen Bäumen, zwischen denen einzelne Spitzen goldener Pagoden herausragen. Uns gegenüber auf dem anderen Flussufer erhebt sich die siebzig Meter hohe Statue eines sitzenden Buddhas, die zur nahen Shwetatgyi Pagode gehört.

Erst gegen sechs Uhr abends erreichen wir wieder unser Schiff. Jetzt darf ich die besondere Freundlichkeit der Birmanen erfahren. Denn als ich aus dem Bus steige, durchfährt mich ein stechender Schmerz im Kreuz. Verstärkt wird der Schmerz vermutlich noch durch die Angst, hier keinerlei ärztliche Hilfe zu finden. Nahezu unüberwindbar steht mir der Weg zur PANDAW II bevor, der auf rutschigen, als primitive Stufen gedachten Feldsteinen hinunterführt. Nur mühsam kann ich mich vorwärts bewegen. Eine ältere Birmanin, die gerade im Fluss gewaschen hat, bemerkt meine Schwierigkeiten. Sie eilt herbei, packt mich zuverlässig am Oberarm und hilft mir auf diese Art bis zur Gangway.

Der Schmerz wurde vermutlich durch eine unvorsichtige Bewegung ausgelöst. Denn um nach dem Barfußlaufen die Füße säubern zu

können, erhalten wir vom Gehilfen des Bus-
fahrers beim Einsteigen jeder einen in Plastik
eingeschweißten feuchten Lappen. Das Füße-
säubern auf dem engen Bussitz gelingt dann
allerdings nur mit einigen – besonders für
ältere Leute ungewohnten – Verrenkungen.
Und dabei ist's wohl passiert! Zum Glück
kann ich an Bord mein Kreuz bereits dadurch
kurieren, dass ich nur eine Weile nahezu un-
beweglich auf dem Korbsessel vor unserer
Kabine sitze. Erst danach mache ich mich ans
Auspacken. Die PANDAW II fährt indessen
flussaufwärts.

Kichererbsenfabrik & Markt

Heute Morgen, am 01. Oktober, macht unser Schiff gegen neun Uhr in Nähe des kleinen Ortes Thayetmyo fest. Es regnet etwas, mit 28 – 30 °C ist es jedoch recht warm. Auf dem leicht ansteigenden Ufer wachsen hier hohe, weit ausladende Bäume, deren Wurzeln der Fluss zum Teil freigespült hat. Ein Boot mit einem kuriosen Segel treibt vorbei. Das viereckige Segel wurde aus allerlei bunten Stoffresten zusammengenäht: kariert, gestreift und in verschiedenen Unifarben.

Für uns ist eine Pferdewagentour ins Dorf geplant. Heinrich und ich sitzen auf einem Wagen, dessen Ladefläche mit einer halbrunden Plane überdacht ist, Heinrich vorn neben dem Kutscher, ich hinten auf dem Boden mit herabbaumelnden Beinen, den Rücken zur Fahrtrichtung. Ein kleines Pferd mit einer Glocke um den Hals zieht uns in ungefähr zwanzig Minuten bis zu einer »Fabrik« (eine Hütte), in der Frauen Kichererbsen weiterbehandeln. Dazu werden Erbsen während einer Nacht eingeweicht, dann herausgefischt, sortiert und in einem Ofen »gebacken«. Wir probieren eine; im Mund fühlt sie sich an wie eine Erdnuss, schmeckt aber praktisch nach nichts. Geheizt wird der Ofen mit den Spelzen von geschältem Reis. Diese Spelzen lagern in großen Haufen vor der Hütte. Ein Mann muss ständig das Feuer beobachten, während er mit einem Stock die Spelzen hineinschiebt. Schon der Weg zur »Fabrik« war mit Asche aus diesem Ofen bedeckt. Die junge Unternehmerin erzählt Frau Kalya bereitwillig alles Wissenswerte über die Arbeitsgänge, eilt danach aber schnell zurück auf ihren Posten. Einige Arbeiterinnen haben ihre Babys und Kleinkinder bei sich, und Letztere helfen eifrig mit beim Sortieren der Kichererbsen. Umgerechnet 30 – 50 Cents sei der durchschnittliche Tagesverdienst, erfahren wir.

Danach klettern wir wieder auf unseren Pferdewagen und fahren zum Markt, der als Sonnen- oder Regenschutz zum Teil mit Wellblech oder Plastikplanen, zum Teil aber auch nur mit Stoffbahnen überdacht ist. Gerade jetzt beginnt es sehr heftig zu gießen und bald auch zu donnern. Wir durchwandern den

Markt, indem wir durch die verschiedenen Gänge gehen. Eine junge Marktfrau bietet mir einen Hocker an, damit ich mich ausruhen kann. Für Heinrich holt sie einen Schemel. Leider muss er ablehnen, sich darauf zu setzen, denn er fürchtet, davon nicht wieder hochzukommen. Die junge Frau hat sein Problem jedoch sofort erkannt und holt jetzt einen höheren Hocker. Dies alles geschieht unter gutmütigem Gelächter der anderen Verkäuferinnen, die – wie hier üblich – ihr Gesicht mit einer großflächig aufgetragenen und meistens selbst zubereiteten weißen Paste vor Sonneneinstrahlung schützen. Dieses »Thanaka« wird aus dem Holz des Thitsi-Baumes gewonnen. Die weiße Paste tragen die jungen Frauen bei besonderen Gelegenheiten auch sehr kunstvoll in Blattform oder anderen Motiven auf.

Es regnet immer noch, als wir nach einer Stunde mit dem gleichen Fuhrwerk wieder zurückfahren. Diesmal fungiert mein Regenschirm einmal als solcher und nicht – wie in den letzten Tagen – als Sonnenschutz. Auf unbefestigten Wegen fahren wir durch den Ort, begleitet von freundlichem Lächeln, Winken und Rufen der Bewohner. Sogar die

Soldatinnen in blattgrüner Uniform, die vor ihrer Kaserne in zwei Reihen hintereinander Aufstellung genommen haben, lächeln uns ganz unsoldatisch an, als wir mit unserem Pferdewagen an ihnen vorbeizuckeln.

Leider ist das Pappkartonstück, das der Kutscher fürsorglich als Sitzunterlage für mich ausgebreitet hatte, inzwischen regennass geworden, und das Rot des Reklameaufdrucks hat meine weißen Jeans verfärbt. Doch die Bordwäscherei vollbringt wahre Wunder: Schneeweiß erhalte ich sie später wieder zurück!

In der Nacht von Mittwoch auf Donnerstag prasselt ein derart starker Dauerregen hernieder, dass ich es fast mit der Angst bekomme, zumal auch ein heftiges Gewitter tobt. In der Kabine wird es sofort unerträglich heiß: Die Klimaanlage ist ausgefallen. Als sie nach einiger Zeit wieder läuft, dauert es lange, bis der Raum einigermaßen ausreichend gekühlt ist. Ein Boy geht vor unseren Fenstern auf dem Gang vorbei und dies noch mehrmals während des Gewitters. Der Grund: Mit einem Reisigbesen schiebt er das stehende Regenwasser von der offenen Promenade hinunter

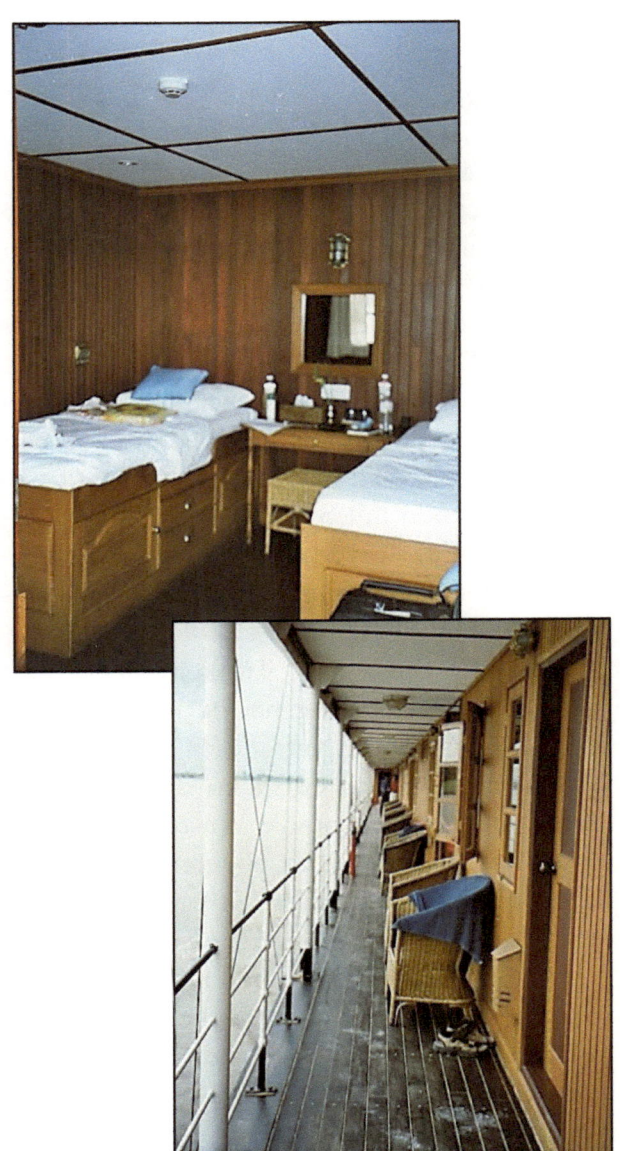

in den Fluss.

Unsere Kabine entspricht dem im Prospekt beschriebenen »Kolonialstil«. Die beiden Korb-tühle, dazwischen ein kleiner runder Korbtisch, die davor auf der offenen überdachten Promenade stehen, habe ich bereits erwähnt. Die Kabine selbst ist mit zwei recht hoch liegenden Betten ausgestattet, unter denen Schubladen sind sowie ein mit einer Tür verschlossener Stauraum. Außerdem gibt es eine Kommode mit Spiegel und einem Korbhocker. Auf der Kommode sind zwei Korbflaschenhalter angebracht. Darin finden wir laufend ergänzte original verschlossene Mineralwasserflaschen zum Trinken, aber auch zum Zähneputzen. Der nackte Fußboden besteht aus Dielenholz, vermutlich Teak.

Eine Lamellentür führt zu einem kleinen Raum mit Kleiderschrank, Waschbecken, WC und Dusche. Letztere ist abgeteilt durch eine Holzlamellenschwingtür. Selbst verstärkter und von uns auch zu riechender Einsatz von Insektiziden führt aber offenbar nicht immer zum erhofften Erfolg. Ich sehe einmal eine Kakerlake hinter dem Kopfende meines Bettes verschwinden. Danach verzichte ich lieber darauf, mir auszumalen, was ich *nicht* sehe.

An unserem Tisch im Bordrestaurant sitzen wir mit zwei Ehepaaren zusammen. Das ältere Paar L. kommt aus Köln, das andere aus Gelsenkirchen. Alle Vier erweisen sich nicht nur als verträgliche, sondern als ausgesprochen angenehme Tischgenossen. Wie schon erwähnt, sind wir insgesamt nur vierzig Passagiere auf dem Flussschiff.

»Schuhe aus!«, Nats & Cheeroots

Am 02. Oktober sind wir in Minhla. Morgens hat ein Boot längsseits festgemacht. Es ist überdacht und besitzt auf jeder Seite eine Bank. Über eine Latte balancieren wir von der PANDAW II hinüber. Damit wir uns dabei sicherer fühlen, halten zwei Matrosen eine Stange quasi als »Geländer«. Vorher wurden wir aufgefordert, eine Schwimmweste mitzunehmen, denn mit diesem Boot fahren wir ungefähr zwanzig Minuten lang über den hier seegroßen Fluss hinüber nach Gwechaung.

Drüben werden wir schon von einer Horde Kinder erwartet. Die Jüngeren tragen kurze Hosen oder Kleid und noch keinen Longyi. Übrigens wickelt auch unser Reiseleiter Mikel seit dem ersten Tag unserer Flussreise einen Longyi um die Hüften und dazu noch eine breite Schärpe aus dem gleichen Stoff um die Stirn. Jetzt animiert er die Kinder, uns den Weg zu einer früheren birmanischen Festung

zu zeigen. Sie liegt so versteckt, dass weder Engländer noch Japaner sie entdeckt hatten.

Wir gehen auf morastigem Weg den grasbewachsenen Hügel hinauf. Einmal rutsche ich aus und falle beinahe hin, fange mich aber wieder. Bei den Kindern lösen meine Verrenkungen in Slapstick-Art unbändiges Gelächter aus. Sie sind im Alter zwischen ca. vier und elf Jahren. Warum sind sie nicht in der Schule? Wahrscheinlich haben die Eltern dafür kein Geld. Dumm sind sie nämlich keineswegs. Als wir den Weg über ein verfallenes Pagodengelände abkürzen wollen, ruft ein Kind doch tatsächlich auf Deutsch: »Schuhe aus!« Diese Aufforderung hat es vermutlich gerade von einem unserer Reiseleiter aufgeschnappt. Einmal beobachte ich, wie sie aufgeregt über eine Gruppe im braunen Fluss badender Mönche diskutieren.

Von der Festung sind nur noch einige Mauern und ein Platz zu erkennen, die Eingänge zu den Höhlen oder unterirdischen Gängen wurden zugeschüttet. Von hier oben blicken wir über den breiten Strom auf das andere Ufer. Das ist so weit entfernt, dass wir dort nicht einmal unser Schiff erkennen können. Dafür blitzen drüben an einigen Stellen vergoldete Stupas von Pagoden auf.

Die Kinder begleiten uns auch noch, als wir den Hügel wieder hinuntersteigen. Diesmal gehen wir einen schlammigen Weg, auf dem die Räder der Ochsenkarren tiefe parallele Furchen gegraben haben. Im Dorf erwarten uns die Leute schon vor ihren Hütten, denn westliche Touristen sehen sie nicht oft. Zwei kleine Mädchen kommen angerannt. Offensichtlich hat ihre Mutter ihnen in aller Eile ihr bestes Kleid angezogen, denn sie alle wollen zu gern fotografiert oder gefilmt werden. Als ich eine Gruppe durch Zeichensprache um Erlaubnis für ein Foto frage, schiebt eine Mutter ihr Kind sogar noch schnell nach vorne.

Mikel initiiert auf dem Platz vor der Schulhütte ein Volleyballspiel zwischen einheimischen Jungs und mutigen PANDAW Passagieren. Die Dorfjugend hat inzwischen ihre Longyis zu kurzen Hosen geschürzt. Aus dem Volleyball- wird dann allerdings unversehens ein Fußballspiel. Begleitet wird die Veranstaltung von kreischendem Gelächter der zuschauenden jungen Frauen. Unsere Männer machen jedoch bald schlapp, und so spielen die Jungs allein weiter.

Vor einem Bauernhof fällt uns eine alte

Frau auf, die eine seltsame Zigarre raucht. Solch eine trichterförmig gedrehte »Cheeroot« aus Maisblättern ist mit seinen ungefähr 20 – 25 cm Länge ein wahres Ungetüm! Mikel erkundigt sich, ob man einige Zigarren kaufen könne. Nein, kaufen nicht, lautet die Antwort, aber wir können sie geschenkt bekommen. Über Frau Kalya, die uns hier die ganze Zeit begleitet, vermittelt er dann aber doch einen Preis. Und zwar 200 Kyat (20 Cents), was wenig genug ist für ein paar Maisblattzigarren.

Die Altbäuerin, erfahren wir jetzt, ist 71. Sie sieht recht gut erhalten aus mit ihren immer noch dunklen Haaren. Ihr Mann ist fünf Jahre älter. Beide haben primitiv gefertigte goldene Kronen über ihren Zähnen oder vielleicht auch statt der Zähne. Zwei ihrer sieben Kinder leben noch bei ihnen auf dem Hof, erzählen sie. Sie bauen Erdnüsse, Mais und anderes Gemüse an. Ihnen scheint es relativ gut zu gehen, der Hofplatz ist aufgeräumt und gefegt, mehrere Hütten stehen auf dem Grundstück, das ein Holzzaun vom Dorfweg abgrenzt. Auf dem Zaun steckt eine ungefähr 35 cm große Stoffpuppe. Es ist ein Nat – ein Geist, eine Art Schutzgottheit. Der Glaube an die Macht der Nats stammt noch aus einer sehr frühen Naturreligion. Da dieser Glaube bei den Birmanen jedoch sehr fest verwurzelt ist, wurden die Nats in den Buddhismus integriert. Es gibt eine ganze Reihe verschiedener Nats und jeder Einzelne besitzt eine bestimmte Eigenschaft.

Bevor wir wieder auf das Boot steigen nach unserem ausführlichen Gang durchs Dorf – auf morastigen Haupt- und Seitenwegen, wo Hühner herumlaufen und in einer Ecke ein neugeborenes Zicklein liegt, dem noch die Nabelschnur anhängt –, sagen wir zu den Kindern: »God bye!«. – »God bye!«, antworten sie. Und wir sagen »Auf Wiedersehen!« – »Auf Wiedersehen!«, antworten sie.

Vorgestern und gestern war auf der einen Seite des Flusses noch eine Hügelkette mit spitzen Bergen zu sehen, während sich auf der anderen Seite flaches Schwemmland erstreckt. Heute zeigt sich auf beiden Seiten ebenes Land, das in schroffer, feucht-sandiger Steilküste zum Fluss abfällt. Auf den höchsten Punkten des Ufers thronen häufig Pagoden. Frauen waschen im braunen Flusswasser stehend ihre Wäsche, klatschen sie auf Steine oder bearbeiten sie mit Schlaghölzern. Kinder baden im Fluss, Männer putzen ihre Zähne und Frauen waschen ihre kräftigen schwarzen Haare. Gestern beobachteten wir, wie Frauen am Ufer hockten, um ein bestimmtes Kraut zu pflücken. Es sind Mimosen, erfahren wir. Ihnen werden verschiedene Heilwirkungen nachgesagt, z. B. wundstillend, ätzend, anregend und anderes mehr.

Nonnenkloster & Fahrradrikscha

Gegen halb fünf Uhr nachmittags – es ist immer noch Donnerstag, der 02. Oktober – erreichen wir Magwe. Hier wollen wir von der auf einem Hügel gelegenen Myathalun Pagode aus den Sonnenuntergang erleben. Wir wandern zu Fuß dorthin. Die unbefestigte Straße ist gesäumt von Verkaufsbuden, aus denen hin und wieder auch westliche Musik dröhnt. Ein Riesenrad wurde aufgebaut und ein Kettenkarussell für Kinder. Da alle Besucher der Pagode zwangsläufig hier vorbeikommen, sind sicher gute Geschäfte zu machen.

Auf halber Strecke liegt ein Nonnenkloster, das wir zunächst besuchen. Es wird geleitet von einer 75-jährigen Äbtissin. Wie alle Nonnen ist sie kahlgeschoren. Dennoch wirkt ihr ruhiges, ebenmäßiges Gesicht anziehend. Kahl ist auch die Priorin, ihre Vertreterin. Sie lebt seit fünfunddreißig Jahren in diesem

Kloster, nachdem sie mit zwölf Jahren als Novizin nach hier gekommen war. Die Nonnen erhalten nicht nur Unterricht in der buddhistischen Lehre, wobei sie unglaublich viel auswendig lernen müssen, sondern auch in geistes- und naturwissenschaftlichen Fächern. Sie schlafen und wohnen in Gruppen in verstreut im Klosterpark stehenden Hütten. Dies erfahren wir von der beredten Äbtissin in der Übersetzung durch Frau Kalya. Die alte Nonne, die sich offensichtlich sehr über unseren Besuch freut, ist in ihrem Redefluss kaum zu stoppen. Erst als Frau Kalya und Herr Thung sie daran erinnern, dass wir doch auch noch zur Pagode gehen wollen, beendet sie ihren Vortrag.

Nun führt sie uns im Hauptgebäude eine Holztreppe hinauf zu einem großen Versammlungs- und Andachtsraum. Natürlich werden wir – und zwar ohne jede Verlegenheit wie überall im Land – auf die dort vorhandene Spendenbox hingewiesen. Für die eingeworfenen Geldscheine dankt sie uns mit vor der Brust zusammengelegten nach oben zeigenden Händen.

Heinrich und ich spazieren noch ein wenig durch den etwas verwilderten Park mit den

primitiven Holzhütten für die Klosterschüle-
rinnen und Nonnen, während irgendwo in
der Nähe mehrere Hunde kläffen. Alle Mädchen in rosa Nonnenkleidung sind kahlgeschoren. Einzelne haben gerade Besuch von
ehemaligen Nonnen, ihren Freunden oder
Familien. Es ist üblich, dass jedes Kind einmal
im Leben für mindestens zwei Wochen in ein
Kloster geht, um in der buddhistischen Lehre
unterrichtet zu werden und das Mindestmaß
an Versen, Regeln usw. auswendig zu lernen.
Aber selbst für diese kurze Zeit muss das
Kind seine Haare opfern. Auch in reiferen
Jahren ist es möglich, in ein Kloster einzutre-
ten und dadurch Nonne zu werden. So kann
zum Beispiel eine Witwe ihr Hab und Gut
einbringen und dann dort bis zu ihrem Le-
bensende bleiben.

Vom Kloster wandern wir weiter hinauf zur
Pagode, die diesmal nicht mit Blattgold belegt
ist, sondern mit großen, schuppenförmig
übereinander angeordneten Maisstrohmatten.
Aber auch sie glänzen in der Sonne, wie wir
schon mittags vom Schiff aus gesehen haben.
Bevor wir das Gelände betreten, schlüpfen wir
wieder aus unseren Schuhen. Wir gehen bis

zum äußeren Rand der Tempelanlage, die direkt oberhalb des Flusses liegt. Den Sonnenuntergang zu fotografieren kostet sogar etwas und das Betreten der Pagode auch. Irgendwie geht dies jedoch an uns vorüber – wahrscheinlich ist die Erhebung von Gebühren aber auch nur ein halbherziger Versuch. Unser Rückweg führt durch einen geschlossenen breiten Korridor mit Verkaufsständen auf beiden Seiten, der zur weitläufigen Tempelanlage gehört. – Erst bei Dunkelheit erreichen wir unser Schiff.

Nach dem Abendessen sitzen wir lange auf den beiden Korbsesseln vor unserer Kabine und lassen den Tag geruhsam ausklingen. Wie an den anderen dunklen Abenden haben wir uns wieder mit *Autan* eingesprüht, was die Moskitos und andere Insekten sogar respektieren. Links vor uns spannt sich eine Brücke über den Fluss. Die Reihe ihrer runden Lampen wirft ein senkrechtes Streifenmuster auf das nachtdunkle Wasser. Am Horizont ist Wetterleuchten zu sehen.

Freitag, der 03. Oktober. Letzte Nacht fiel ein gleichmäßig starker Regen. Mit 26 °C ist es heute Morgen nicht ganz so warm wie in den vergangenen Tagen. Doch nach wie vor herrscht eine sehr hohe Luftfeuchtigkeit, und sobald wir unsere gekühlte Kabine verlassen, bricht uns der Schweiß aus allen Poren.

Immer noch liegt die PANDAW II in Magwe, wo wir vormittags den hiesigen Markt besuchen wollen. Den langen Weg dorthin werden wir als Passagier auf einer Fahrradrikscha zurücklegen. Dies ist ein normales Fahrrad, das an seiner rechten Seite ein Gestänge erhielt, an dem das dritte Rad und der Sitz mit Fußstütze für den Fahrgast befestigt ist.

Die Touristen sind so clever, sich den jeweils zu ihrem eigenen Körpergewicht passenden Fahrer auszusuchen. Das gelingt jedoch nur unvollkommen, denn die Menschen hier sind kleiner als wir und fast alle sehr mager. Mich fährt ein hübscher, zirka fünfzehnjähriger Junge, der sich offenbar über seine kleine und normalgewichtige Passagierin freut und fröhlich in die Pedale tritt. Sein Fahrrad hat er liebevoll mit roten Papierrosen geschmückt. Wenn es bergauf geht, muss er aber doch – wie auch seine Kollegen – absteigen und schieben. In langer Kolonne von vierzig Rikschas fahren wir durch den Ort. Wie bisher überall begrüßen uns auch hier die

Leute freundlich mit »Hallo« und »Minga-labá«, besonders natürlich die Kinder. Als ich vor dem Markt absteige, bedeutet mir mein junger Chauffeur mit Zeichensprache, ich solle mir seine Rikscha-Nummer merken, damit er mich auch wieder zurückfahren könne. Doch ich deute lächelnd auf die Rosen. Verstehend lächelt er zurück und zeigt dabei seine vom Betelkauen roten Zähne.

Auf dem Markt wird praktisch alles feilgeboten: Gemüse, Obst, Fleisch, Fisch, Kleidung, Schmuck, Kleinmöbel, Zigaretten, Pflanzen und Longyis. Bei Letzteren ist die Auswahl allerdings nicht sehr groß. Interessant sind kleine essbare Vögel und sehr große Fische. Viele Frauen transportieren ihren Einkauf in Körben auf dem Kopf. Frau Kalya demonstriert uns nachmittags an Bord, wie dies funktioniert: Ein Tuch wird zu einem festen Ring gerollt und auf den Kopf gelegt. In diese Unterlage wird dann der Korb, eine Schüssel oder ein anderer Behälter gestellt.

Ohne Kaufabsicht streifen wir auf den morastigen Wegen zwischen den Reihen der Stände umher, verlassen auch kurz den Markt und werfen einen Blick auf die breite, ungepflasterte und unbelebte Hauptstraße. Später entdeckt mein aufmerksamer Rikschafahrer mich bereits, bevor ich selbst Ausschau nach ihm gehalten habe. Mit einigen anderen Gästen, die wie wir ebenfalls schon etwas früher als geplant zurück wollen, geht es dann in zügiger Abwärtsfahrt zum Schiff. Um die Mittagszeit legt die PANDAW II ab.

Nachmittags ziehen zwei Ruderboote mit jeweils einem Steuermann und acht jungen Leuten an uns vorbei, die offenbar ein Rennen veranstalten. Mit kurzen Riemen führen sie enorm schnelle Schläge aus. Der Fluss ist inzwischen noch breiter geworden. Hin und wieder wird er geteilt durch flache, Schilf bewachsene Inseln oder auch nur durch Sandbänke. Selten treffen wir auf andere Wasserfahrzeuge.

»Mingalabá, weißer Elefant!«

Heute ist Sonnabend, der 04. Oktober. Wir sind morgens in Sale. Geplant ist eine zweieinhalbstündige Fußwanderung durch den Ort zur Besichtigung eines Teakholz-Klosters mit einem Lack-Buddha sowie von kolonialen Häusern. Doch mir geht es seit gestern Mittag nicht gut. Ich fühle mich schlapp, mag weder essen noch trinken. Vermutlich ist es die übliche Kreislaufgeschichte, die mich seit einigen Jahren bei belastendem Klima heimsucht. Deshalb verzichte ich auf diesen Ausflug, der bereits um acht Uhr beginnt.

Stattdessen schlafe ich lange und setze mich später nach draußen vor unsere Kabine auf den Korbstuhl in den allerdings sehr warmen Schatten. Hin und wieder gehen Mitglieder der Crew in gebückter Haltung an mir vorbei. Es ist Sitte, sich zu verneigen vor Leuten, die älter sind als man selbst. Um diese Sitte nicht zu verletzten, erkundigt man sich im Zweifelsfall sogar kurzerhand nach dem Alter des anderen.

Immer noch passieren wir kleine Inseln, von denen einige nebeneinander liegen. Das Schilf darauf ist hoch und sehr dicht gewachsen, an den Spitzen hat es einen weißen Blütenschweif. Auch Felder mit Mais oder Zuckerrohr erkenne ich hin und wieder. Inselleute schöpfen mit Eimern Wasser aus dem Fluss und gießen es in eine auf Beinen stehende Rinne, von wo aus es weitergeleitet wird. Eine Insel scheint vorbeizu*schwimmen*. Als ich näher hinsehe, erkenne ich, dass es sich um ein ungefähr hundert Meter langes Floß handelt. Darauf stehen einzelne Hütten, deren Bewohner ihrer Arbeit nachgehen.

Nach diesen ruhigen Stunden geht es mir – wie erwartet – wieder besser.

Am frühen Abend erreichen wir Tan Chi Taung, wo wir von der Pagode oberhalb des Ortes den Sonnenuntergang erleben wollen. Zu unserem Empfang sind fast alle Dorfbewohner am Ufer erschienen. Ein Mann watet ins schlammige, brusthohe Wasser, um das Schiffstau zu holen und es dann zum Festmachen um einen Baumstamm am Ufer zu schlingen.

Als wir von Bord gehen, ertönt Musik: Eine Männergruppe musiziert mit Flöten, Trommeln und anderen, uns unbekannten Gamelan-Instrumenten. Vor einer auf der Erde ausgebreiteten Plane stehen Bänke und Plastikstühle für uns bereit, denn offenbar soll eine Darbietung folgen. Ein geschmückter weißer »Elefant« (zwei Männer stecken in dem Gebilde aus Stoff) tritt auf und beginnt, graziös nach der Musik zu tanzen. Jetzt rollen Männer ein leeres Ölfass herbei, der »Elefant« hebt seine Vorderbeine darauf, dann auch noch die Hinterbeine und vollbringt tatsächlich einen »Handstand«! Die kurzweilige Vorstellung dauert ungefähr zwanzig Minuten. Anschließend geht ein Mann mit einer silbernen Schale herum, auf die wir unseren Obolus legen – die Künstlertruppe dürfte zufrieden sein.

Von diesem Platz am Ufer wandern wir danach einen leicht ansteigenden kurzen Fußweg durchs Dorf. Und wieder sind es holperige, manchmal mit einzelnen Feldsteinen »gepflasterte«, verwinkelte und schmale Wege, an deren Rand recht armselige Hütten stehen.

Und wieder begleiten uns die aufgeregten Dorfkinder, die begeistert sind über die Unterbrechung ihres Alltags durch uns Touristen. Ihre Eltern stehen vor ihren Hütten und rufen uns freundlich lächelnd »Mingalabá« zu.

Zum Personentransport umgerüstete Pickups warten bereits auf uns. Jeweils vier Fahrgäste klettern in ein Fahrzeug, was gar nicht so einfach ist, denn die waagerecht aufgeklappte Heckklappe ist für kleine Leute ziemlich hoch. Aber irgendwie schaffen es auch so unsportliche Menschen wie ich. Heinrich und ich setzen uns auf eine der längs zur Fahrtrichtung aufgestellten Bänke, der dicke dritte Passagier braucht eine für sich allein, seine ebenso korpulente Frau hat sich vorn neben den Fahrer gequetscht. Die mehr als halbstündige Fahrt bergauf durch eine grüne, dicht bewachsene Waldlandschaft geht rumpelnd über Stock und Stein, durch Schlamm und tiefe Pfützen.

Wir lassen unsere Schuhe im Fahrzeug, bevor wir das Tempelgelände barfuß betreten und dann die vielen Stufen zum Stupa mit den Nebengebäuden hinaufsteigen. Die Anlage besteht überwiegend aus weißem Marmor. Der prächtige und reich verzierte glockenförmige Stupa glänzt nicht wie üblich golden, sondern silbern. Nahe der Brüstung zum steil abfallenden Flussufer wartet die lebensgroße Skulptur eines weißen Elefanten mit erhobenem Rüssel und einer thronartigen vergoldeten Sänfte auf dem Rücken. Nach der Legende war ein weißer Elefant eines Nachts der Königin Mayadevi erschienen. Neun Monate darauf im Jahr 624 v. Chr. gebar sie einen Knaben. Als Siddharta Gautama wurde er später der Gründer der buddhistischen Lehre und Buddha. Übrigens wird angenommen, dass es vor Gautama bereits drei »Erleuchtete« (Buddhas) gab. Demnach gilt Siddharta Gautama als der vierte (momentane) Buddha, der fünfte wird erwartet

Für einen spektakulären Sonnenuntergang ist es heute zu diesig. Bei klarer Sicht hätten wir hinüber bis nach Bagan mit seinem riesigen Pagodenfeld sehen können. Doch der Blick den bewaldeten Berg hinunter auf den Irawadi und dessen einzelne schmale Seitenarme ist auch wunderschön. Immer noch ist es sehr warm, hier oben ist die Hitze jedoch besser zu ertragen als im Tal.

Es ist stockdunkel geworden, als wir nach

der Talfahrt wieder aus dem Pick-up klettern. Mitglieder unserer Crew stehen mit Taschenlampen entlang der holperigen, im Finstern wahrhaft halsbrecherisch gewordenen Dorfwege, um uns sicher »heimzuleuchten«.

Im Schutz der Dunkelheit fühlen die Kinder sich noch mutiger. Sie stürmen auf uns zu, denn jeder möchte unbedingt einem von uns die Hand schütteln – eine Sitte, die hier nicht üblich ist. »Good bye!« und »Auf Wiedersehen!«, rufen sie uns noch lange hinterher. Es wird mir weh ums Herz bei dem Gedanken, welche Zukunft diese Kinder erwartet! Was mag überhaupt aus dem Land werden, das regiert wird von einer Militärjunta, und das boykottiert wird von den mächtigen Ländern der Erde, die die Regierung meinen und das Volk treffen!

Königsstadt Bagan

Sonntag, 05. Oktober: Unser Schiff liegt bei Bagan, der berühmten historischen Königsstadt mit seiner riesigen Ansammlung sakraler Bauten; die ältesten stammen aus dem 11. Jahrhundert.

Mit zwei recht komfortablen Bussen fahren wir zur Besichtigung der bedeutendsten Tempel. Im Gegensatz zum Bus, den Frau Kalya begleitet, ist der Unsrige mit nur einem guten Dutzend Gästen schwach besetzt. Herr Thung ist darüber so betrübt, dass Mikel ihn erst einmal »psychologisch wiederaufbauen« muss. Heinrich und ich finden es dagegen angenehm, Herrn Thung mit nur wenigen Leuten »teilen« zu müssen. – Unterwegs halten wir noch kurz auf einem Platz mit mehreren Souvenir-Kiosken, denn einige Mitreisende müssen schon jetzt ihren Bestand an Filmen und Batterien ergänzen.

Unser erstes Ziel, die prächtige Shwezigon

59

Pagode, liegt etwas außerhalb des eigentlichen Tempelfeldes, auf dem der Legende nach einst zehntausend Pagoden gestanden haben sollen. Heute sind trotz eines schweren Erdbebens im Jahr 1975 immerhin noch mehr als zweitausend Tempel oder Tempelreste zu sehen. Kein Wunder, dass Bagan für Buddhisten zu den berühmtesten Pilgerstätten gehört!

Wir lassen unsere Schuhe im Bus, bevor wir das weitläufige Tempelgelände betreten. An diesem bedeutenden Ort wird sogar eine Fotogebühr erhoben. Für uns ist das eine Gelegenheit, an Kleingeld in der Landeswährung Kyat zu kommen. Doch die Souvenirhändler akzeptieren sogar in diesem fernen Land Euro-Münzen.

Zur Pagode führt wieder ein langer Korridor, an dessen beiden Seiten sich die Händler aufgebaut haben. Besonders in den Monaten November bis Februar wird der Ort von Touristen überlaufen, und zwar überwiegend von einheimischen. »*Unsere* Leute«, erklärt Herr Thung mit Nachdruck, »fahren in ihren Ferien nicht an die See oder in die Berge, sondern unternehmen eine Pilgerreise an heilige Orte.« Jetzt ist noch Oktober und so haben wir also Glück, alles in Ruhe besichtigen zu können.

Aber dennoch oder vielleicht gerade deshalb werden wir sehr umlagert und verfolgt von Händlern. Eine Frau drängt mir zwei kleine Blecheulen auf. Als ich abwehre, bedeutet sie mir mit Zeichensprache, dies sei ein Präsent für einen späteren (erhofften) Einkauf bei ihr.

Der vollkommen mit Blattgold belegte und mit allerlei ornamentalen Mustern verzierte, über neunhundert Jahre alte Stupa steht auf drei quadratischen Terrassen, die sich jeweils nach oben hin verjüngen. Auf jeder Seite der an den Ecken mit Türmchen geschmückten Terrassen führt eine schmale Treppe bis zum Fuß des Bauwerks.

Wir wandern durch die ganze Anlage – wieder auf sauberem Marmorfußboden – und bestaunen die verschiedenen Tempel, kleineren Stupas und andere kunstvoll verzierte und hervorragend in Stand gehaltenen Nebengebäude.

Die zur Schau gestellte Pracht ist beeindruckend, ruft jedoch auch leichtes Kopfschütteln hervor. Mir fällt die Bezeichnung »reiches, armes Land« wieder ein, denn inzwischen haben wir die Armut in den Dörfern gesehen.

Heinrich berichtet mir später von einer Beobachtung: Sechs kleine Mönchnovizen sitzen

mit gekreuzten Beinen und leeren Essensnäpfen auf dem Boden eines Tempels. Ihre Essensnäpfe tragen die Mönche stets bei sich, wenn sie unterwegs sind. Es sind runde Gefäße aus lackiertem Holz, deren Deckel gleichzeitig als Teller dient. Als Heinrich jetzt vorübergeht, hört er leises Murmeln: »Money! Money!« Zu Beginn unserer Reise waren wir jedoch ermahnt worden, nichts zu geben, denn um Geld (statt um Essen) zu betteln, ist den Mönchen nicht erlaubt.

Es geht an diesem Vormittag auch zu anderen berühmten Pagoden, manchmal per Bus, manchmal zu Fuß. Überall haben wir reichlich Zeit zum Schauen. In einem Tempel stehen ungewöhnlich große, mit Blattgold bedeckte Statuen, die die bisherigen vier Buddhas darstellen. Da der fünfte Buddha erwartet wird, besuchen wir auch eine Pagode, bei der es statt der üblichen vier Eingänge auch schon einen Fünften gibt. Die Buddha-Figuren aus älterer Zeit haben übrigens eine »neutrale« Figur, die aus jüngerer Zeit besitzen weiblich gerundete Hüften und ihre Ohrläppchen hängen so tief herab, dass sie die Schultern berühren. – In einigen Pagoden beobachten wir Fledermäuse, in anderen eine Finkenart, die sich in den Falten von Buddhas goldenem Gewand ihr Nest bauen.

Die verschiedenen Bauwerke, die teilweise inmitten wuchernden Buschwerks liegen, teilweise zwischen landwirtschaftlich genutzten Feldern, bestehen überwiegend aus roten Ziegelsteinen. Diese Steine wurden gegenüber auf der anderen Seite des Flusses hergestellt. Etliche Tempel sind aber auch verputzt worden, ihre ehemals weiße Oberfläche ist jedoch im Laufe der Jahre schwärzlich verwittert.

Als Letztes an diesem Vormittag besuchen wir eine Lackfabrik. Die Produkte, die wir schon in Vietnam und China gesehen haben (wie wir jetzt erfahren, war die Herstellungstechnik tatsächlich vor über 2000 Jahren aus China nach Myanmar gekommen), werden auf erstaunliche Weise hergestellt. Das »Gerüst« der Grundform besteht aus Binsen- oder Schilfhalmen, die mit Lack beschichtet werden, um dann an einem kühlen Ort zu trocknen. Der zum großen Teil aus Baumharzen bestehende Lack wird nacheinander insgesamt sieben Mal aufgetragen und anschließend getrocknet. Zur Herstellung verformbarer Gefäße wurde eine besondere Technik entwickelt. Um die ge-

wünschte Elastizität zu erreichen, wird dem
»Gerüst« aus Binsen oder Schilf als Schussfaden Rosshaar durchgewebt.

Eine weitere Art der Herstellung von runden Lackgefäßen ist die mit Spanholz als Grundmaterial. Hierzu legt ein Arbeiter den langen Span, den er vorher mit einem scharfen Messer geschnitten hat, um- und aneinander, und zwar beginnt er damit an der weitesten Stelle. Auf diese Art erreicht er die gewünschte Spannung des Materials, die Klebe oder Kleister überflüssig machen soll.

Einige der hier beschäftigten Männer und Frauen führen uns die verschiedenen Techniken vor, während wir leisen Gesang hören. Sängerinnen oder eher »Summerinnen« sind Frauen, die in einem benachbarten Raum jeweils eine bestimmte Arbeit ausführen. Eine bereitet zum Beispiel einen kleinen Behälter vor, eine andere ziseliert ein Tablett, eine Dritte trägt eine Bemalung auf.

Heinrich hat hier sogar eine relativ komfortable Toilette entdeckt und auch eine Gelegenheit, sich mit grünem Tee zu bedienen. Es werden ebenfalls Gebäck und Erdnüsse angeboten. Er kauft einen hübschen Lackarmreifen und einen Lackelefanten, beides mit Blattgoldverzierung. Zwar wurden diese Dinge nicht in der Binsen/Schilfarbeit hergestellt, sondern aus Teakholz geschnitzt, danach aber in der traditionellen Lacktechnik weiterbehandelt.

Zur Mittagszeit sind wir wieder an Bord. Gerade, als wir uns zur Siesta hingelegt haben, beginnt es sehr heftig zu regnen. Die Crew lässt vor der Reling der umlaufenden schmalen Promenade Plastikplanen herunter. Es schüttet wie aus Eimern, und trotz der Planen muss ein Crew-Mitglied Regen fegen. Doch nach ungefähr einer Stunde klart der Himmel schon wieder auf.

Pagoden, Tempel & ... Lippenstift

Nachmittags fahren wir mit dem Bus nach Alt-Bagan, um hier fünf Tempel »abzuklappern«, wie wir es salopp und nach der Überfülle der vormittäglichen Eindrücke nennen.

Als wir durch das verfallene, aus roten Ziegelsteinen gemauerte Tor kommen, weist Herr Thung uns auf die beiden Tornischen hin. Darin stehen zwei aus der Myanmar-Mythologie bekannte Figuren, und zwar (übersetzt): »Frau Goldgesicht« und »Herr Stattlich«.

In einem der sehr alten Tempel, die wir im Laufe dieses Nachmittags besuchen, sind jahrtausendealte Fresken zu sehen, die Szenen aus dem Leben des momentanen Buddhas Gautama Siddharta darstellen – erst als Prinz, dann als Religionslehrer. Die Fresken sind auf Putz aufgetragen, der im Laufe der Zeit zum Teil abgebröckelt ist. Übrigens sei ganz Bagan bereits als UNESCO-Weltkulturerbe nominiert worden, erklärt Herr Thung. Leider verzögere sich jedoch die endgültige Aufnahme in diese Liste, und so fließe auch noch kein Geld für den Schutz und Erhalt der historisch so wichtigen sakralen Bauten.

Obwohl die Saison in Bagan noch nicht begonnen hat, kann man – wie schon erwähnt – kaum einen Schritt tun, ohne von Händlern (überwiegend Kindern und Frauen) bestürmt zu werden; ihre Postkartenleporellos und andere Souvenirs sind tatsächlich spottbillig. Wenn sie dann aber begriffen haben, dass man absolut nichts kaufen möchte, wollen sie jedenfalls etwas schnorren. Geradezu wild sind die Kinder (kurioserweise hauptsächlich Jungs) nach einem »L i p p e n s t i f t«, wie sie akzentuiert auf Deutsch sagen, nachdem sie unsere Nationalität erkannt haben. Kleinere Jungs streichen sich über die Haare, sie wollen Shampoo. Ob sie tatsächlich meinen, wir führten gerade so etwas in unseren Umhängetaschen ständig mit uns? Haben sie auch damit keinen Erfolg, ziehen sie eine Euromünze aus der Tasche, um sie in Kyat zurückzutauschen.

Der Höhepunkt des Nachmittags soll die Fahrt auf einem Ochsenkarren zur Mahabodhi

Pagode sein. Von diesem Nachbau eines Hindu-Tempels werden wir später den Sonnenuntergang beobachten. Die bunt geschmückten grauweißen Ochsen sind prächtige Tiere. Zwei von ihnen ziehen jeweils einen zweirädrigen Karren, auf deren hinterer Bank drei Personen Platz finden sollen. Aber die westlichen Touristen sind zu dick und so passen nur jeweils zwei auf die Bank, bei etwas gutem Willen wohl auch drei. Dieser gute Wille fehlt leider bei denen, die bereits auf dem Karren sitzen. Und so fahren Heinrich und ich zusammen mit einigen anderen per Bus zur hoch aufragenden Pagode.

Auf dem Gelände dieses prächtigen Tempels beobachte ich eine festlich gekleidete Familie, zu der ein zehn- bis zwölfjähriges Mädchen gehört. Auch die Kleine ist auffallend hübsch angezogen, sogar ihre Lippen sind rot geschminkt – etwas, was man hier sonst nicht sieht. Unwillkürlich schaue ich sie erstaunt und wohl auch bewundernd an. Das bemerkt das Mädchen, das sich daraufhin aufgeregt und stolz an seine Mama wendet, wonach beide zu mir hinsehen. Vielleicht – so überlege ich – geht die Kleine morgen für einige Zeit in ein Kloster …

Ein weiterer Höhepunkt im wahrsten Sinne ist heute auch die Shwesandaw Pagode. Hier führt auf jeder Terrassenaußenseite eine steile Treppe hinauf, an einer Seite ist dort sogar ein Geländer angebracht. Zu unserer Verwunderung ermutigt Herr Thung uns, auf diesen Stufen das doch eigentlich zu schonende Bauwerk zu erklimmen. Und so ziehe auch ich mich am Geländer hinauf, wenn mir die einzelnen unebenen Stufen zu hoch sind.

Der mühsame Aufstieg hat sich gelohnt: Von oben überblicken wir fast das gesamte Pagodenfeld – ein fantastisches Bild! Bis zum Horizont ist die flache grüne Feld- und Baumlandschaft gesprenkelt mit kleinen und großen, roten und weißen sowie golden schimmernden sakralen Bauten. Allmählich beginnt am Horizont die Sonne zu versinken und der Himmel färbt sich tiefrot.

Eine ganze Weile halten wir uns hier oben auf. Ich habe etwas Angst vor dem steilen Abstieg. Zum Glück ist er dann sogar einfacher als der Aufstieg. Jetzt trete ich nämlich mit seitlich gestellten Füßen (nach wie vor natürlich barfuß!) auf die sehr schmalen Stufen, während ich mich mit beiden Händen am Geländer festhalten kann. Bald sind dann auch alle anderen unserer Gruppe sicher wieder unten. Wir wandern zu unserem Bus, der uns zügig zur PANDAW II bringt.

Nach dem Abendessen gastiert oben auf dem nachtdunklen Salondeck unseres Schiffs ein Marionettentheater. Wir finden sogar in der ersten Reihe zwei freie Stühle, von wo aus wir das Geschehen auf einer improvisierten Bühne gut beobachten können. Und nicht nur das, sondern auch die Hände, die die ungefähr einen halben Meter großen Marionetten führen, und ebenfalls das unbeabsichtigte Schattenspiel der Puppenführer hinter der Bühne. Es agieren die in fast allen Kulturen üblichen Figuren: Prinz und Prinzessin, Harlekin, Zauberer und böser Geist.

Die prächtig gekleideten Puppen werden an bis zu fünfzehn Schnüren geführt. Zunächst werden die speziellen Bewegungsmöglichkeiten der einzelnen Figuren demonstriert. So kann eine tatsächlich mit ihren Hinterbacken wackeln und mit jeder einzelnen Brust, eine andere kann ihre Lider auf- und niederschlagen. Nur eine Szene mit einer richtigen Handlung wird aufgeführt, und zwar mit Prinz und Prinzessin, Braut und Bräutigam oder Fürst und Untertan. Hier wirkt die weibliche Figur flehentlich auf die männliche ein – selbstverständlich bis zum glücklichen Ende. Zum Geschehen auf der Bühne läuft eine CD mit traditioneller birmanischer Musik. Sie wird gespielt von einer Gamelan-Gruppe mit Flöten und Trommeln, hin und wieder wird dazu auch gesungen. Doch diese Klänge sind unseren an westliche Harmonien gewöhnten Ohren sehr fremd, und ohne die optische Ablenkung auf der Bühne hätten wir sie sicher noch fremdartiger empfunden.

Auch Montag, 06. Oktober, sind wir in Bagan. In den frühen Morgenstunden regnet es heftig, und wieder muss ein Boy Regen fegen. Der Ausflug zu einer der sehr hohen Pagoden mit Erlebnis des Sonnenaufgangs fällt somit buchstäblich ins Wasser. Wir hätten uns allerdings ohnehin nicht beteiligt, denn der Aufbruch dorthin war bereits auf viertel vor sechs festgesetzt worden. – Um acht Uhr hört es auf zu regnen – gerade rechtzeitig zu Beginn unserer heutigen Tour, die um halb neun starten soll. Morgens sind es »nur« 24 °C.

Ein letztes Mal wollen wir nach Alt-Bagan und dort drei Tempel besuchen – oder »Tampel«, wie Herr Thung stets zu sagen pflegt, obwohl wir ihn bereits behutsam korrigiert haben. Wieder sind wir nur etwas über ein Dutzend Personen in seinem Bus, doch mittlerweile trägt er dies mit Fassung.

Auf den Straßen steht noch das Regenwasser, und auf den unbefestigten Wegen zur Dhammayangi Pagode, die außerhalb der alten Stadt Bagan liegt, müssen wir tiefe Pfützen durchqueren – unser Busfahrer fährt dabei sehr umsichtig. Aber bald können wir aussteigen, um uns die letzten zweihundert Meter zu Fuß dem prächtigen Bauwerk mit dem hochaufragenden Stupa zu nähern.

Unterwegs begegnet uns eine Ziegenherde mit ihrem Hirten. Die Ziegen werden nicht gemolken, da im Land grundsätzlich keine Milch getrunken wird; die Tiere dienen daher nur als Fleischlieferanten. Die Bauern sind gerade dabei, ihre Felder mit den von Wasserbüffeln oder Ochsen gezogenen Geräten zu pflügen oder zu eggen und Ernte- oder Saatgut zu transportieren. Kanäle durchziehen die Felder. Eine junge Frau trägt eine Stange (ein Tragjoch) über ihrer linken Schulter, an deren beiden Enden je ein Korb hängt. In einem transportiert sie Brennholz, im anderen ihren

kleinen Sohn. Dessen Gesicht ist genau wie das seiner Mutter mit der weißen Thanaka-Paste bestrichen.

Beim Dhammayangyi Tempel klettern wir eine versteckte und wahrhaft halsbrecherische Treppe hinauf und balancieren dann auf schmaler Kante um vergoldete Ecktürme herum. Hier oben umfächelt uns ein leichter Wind. Der weite Blick in die Runde ist märchenhaft schön und wird uns unvergesslich bleiben. Zwischen den überwiegend aus roten Ziegelsteinen erbauten Tempeln ist das Land unwahrscheinlich grün, besonders wohl nach dem nächtlichen Regen. Mais, Tabak und Erdnüsse stehen sehr gut. Große alte Bäume wachsen hier: verschiedene Akazienarten und Palmen; eine Kakteenart hat gerade weiße Blüten getrieben.

Der Ananda Tempel, den wir anschließend besuchen, ist insofern eine Besonderheit, als bei ihm vier Tempel für die bisherigen vier Buddhas in einem vereinigt sind.

Beim nächsten Tempel, dessen Namen ich bei der Fülle des Gesehenen nicht behalten habe, stellt Herr Thung uns die Aufgabe, im Innern den verborgenen Aufgang selbst zu finden. Da wir – wie wir inzwischen gelernt haben –, sogleich linksherum wandern, entdecken wir ihn sofort. Außen geht es dann nicht ganz so hoch und halsbrecherisch hinauf wie auf der Dhammayangyi Pagode. Und auch hier weht ein leichter erfrischender Wind. Doch immer noch ist die feuchtheiße Luft sehr drückend.

Auf der Rückfahrt durch die Stadt zu unserem Schiff fallen mir Pferdekarren auf, die eine große Tonne oder ein altes Benzinfass transportieren. Herr Thung erklärt uns, damit werde Wasser aus dem Fluss geholt, denn Wasserleitungen sind in Bagan nicht selbstverständlich. Die unbefestigte Straße zu unserer Anlegestelle steht heute voller Fahrzeuge. Sie und auch die vielen Fußgänger warten auf die Fähre, um aufs andere Ufer überzusetzen. Dort drüben steigen auf langer Strecke Rauchwolken auf: Bauern verbrennen Heu, dessen Asche bei Regen in den Boden einsickert und als Dünger wirken soll.

Punkt zwölf Uhr legt die PANDAW II ab und fährt weiter flussaufwärts.

Besuch beim Abt von Thein Gone

Gegen vier Uhr nachmittags erreichen wir das Dorf Thein Gone. Inzwischen ist die Sonne hervorgekommen, es ist wieder schwülheiß und sicher weit über 30 °C. Unser Schiff liegt neben einer steilen feuchten Abbruchkante, Baumwurzeln ragen daraus hervor. Dorfbewohner haben sich in einer Reihe am hohen Ufer aufgebaut. Es muss eine passende Landestelle gesucht werden. Das heißt eine Stelle, an der ein Pflock in den Lehmboden eingeschlagen werden kann, um dann das darüber geworfene Schiffstau zu halten. Wir sehen die Männer am Ufer diskutieren und sich durch Zeichen mit unserem Kapitän verständigen. Nein, hier nicht, signalisiert jemand und tritt zur Demonstration neben sich einmal kräftig auf den Boden, der sich sogleich als großer Lehmbrocken ablöst und in den Fluss rutscht.

Die Landschaft ist völlig eben, hin und wieder wird sie durch einzelne Baumgruppen strukturiert. Etliche weiße, relativ gut genährte Rinder sind auf der Weide. Thein Gone mit seinen Hütten, die alle gleich ausgerichtet sind, liegt ungefähr fünfhundert Meter vom Ufer entfernt. Das Dorf war vor einigen Jahren dorthin und damit weiter landeinwärts verlegt worden, nachdem der Fluss immer mehr Boden abgebrochen hatte.

Inzwischen wurde die passende Landestelle gefunden. Damit wir bequemer ans höher liegende Ufer gelangen können, haben einige Dorfleute Stufen in den feuchten Boden gegraben und festgeklopft.

Eigentlich wollen Heinrich und ich den kurzen Weg bis zum Dorf zu Fuß zurücklegen. Aber angesichts der mit riesigen tiefen Pfützen bedeckten Wege klettern wir doch lieber auf einen mit trockenen Maisstrohmatten ausgelegten Karren, vor dem zwei mit Glöckchen geschmückte Ochsen angeschirrt warten. Der Karren besitzt sogar komfortable Gummiräder, deren tiefe Profile jetzt allerdings mit Schlamm ausgefüllt sind. Die Ochsen tragen ein Kummet und werden gelenkt durch ein grobes Tau, das durch ihre Nüstern gezogen wurde und an der Deichsel befestigt ist. Mit uns vier normal gewichtigen Personen (das Ehepaar L. von unserem Restauranttisch ist mit von der Partie) haben sie bedeutend weniger Arbeit als ihre Kollegen mit unseren beiden Schwergewichtlern, einem enorm korpulenten Ehepaar.

Der ältere Kutscher und ein junger Mann scheinen mit uns einen kleinen Umweg durchs Dorf zu machen, bevor wir schließlich unser Ziel, den großen Versammlungsplatz erreichen. Frauen erwarten uns dort schon am Fuß eines auf Stelzen gebauten größeren Holzgebäudes und bedeuten uns hinaufzugehen. Wie üblich entledigen wir uns vorher unserer Schuhe. Heinrich, der heute keine Latschen, sondern Strümpfe und Turnschuhe mit Schnürbändern trägt, bleibt wegen des umständlichen An- und Ausziehens allerdings lieber unten.

Aber ich klettere die Bretterstiege nach oben und komme … in ein Kloster! Es besteht nur aus einem großen Raum mit einer bunten Buddha-Statue, zwei Reliquienschreinen und einem Lehnstuhl. Hierauf thront in seinem roten Gewand der Abt, der uns offenbar schon erwartet hat. Denn ausgebreitet auf dem Fußboden vor ihm liegt eine große blaue Decke, auf der ein Teller mit Erdnüssen und einer mit eingewickelten Bonbons steht. Durch Handzeichen werden wir eingeladen, uns am Rand dieses »Tep-pichs« niederzulassen. Dabei müssen wir natürlich darauf achten – so viel haben wir inzwischen gelernt –, dass unsere Fußspitzen nicht respektlos in Richtung der Buddha-Statue zeigen. Es sind nur sieben Leute, die der Einladung der Frauen gefolgt und hier heraufgestiegen sind. Jetzt sitzen wir stumm in unbequemer Haltung auf dem Boden, und da wir nicht wissen, was wir sagen sollen, lächeln wir freundlich, und der Abt lächelt auch.

Plötzlich tönt Kindergesang vom Versammlungsplatz herauf. Wir stehen auf, um hinunterzusehen. An der einzigen glaslosen Fensteröffnung finde ich jedoch keinen Platz mehr. Drei junge Mönche haben dies bemerkt und machen mir Zeichen, ihnen zu folgen. Also wage ich mich auf eines der wackeligen, in größeren Abständen lose auf den Bodenbalken liegenden Bretter, während einige Meter unter mir der Erdboden »gähnt«. In dieser etwas dunkleren Ecke des großen Raumes befindet sich eine niedrige Liege – offenbar die Schlafstätte des Abts. Vor dem zweiten Fenster stehen andere Mönche oder Novizen, die sofort respektvoll zur Seite treten, um mir Platz zu machen. Unten haben sich die Schulkinder des Dorfes aufgebaut und bringen uns Gästen ein Ständchen. Von meinem Standpunkt aus kann ich sie zwar hören, aber nur schräg von oben sehen – die schwarzen Schöpfe der Kinder mit dem deutlichen Wirbel auf dem Hinterkopf. Sogar »Bruder Jakob« singen sie, und zwar auf Birmanisch, während wir auf Deutsch miteinstimmen. Nach dem kräftigen Applaus werden nun auch die unten stehenden Gäste aufgefordert, sich hinauf ins Kloster zu begeben.

Der Abt ist unterdessen verschwunden, dafür sind aber Frau Kalya und Herr Thung hier oben erschienen und – mit beeindruckender Hornbrille – der Dorfvorsteher. Letzterer nimmt in der Mitte der blauen Decke Platz. Inzwischen haben wir erfahren, dass Thein Gone und hier besonders die Schule von der PANDAW-Flotte unterstützt wird. Der Dorfälteste geht nun mit einer Spendenschüssel herum. Jeder der hier Anwesenden gibt wohl mindestens 1000 Kyat oder 1 US $. Nach und nach finden sich noch weitere Dorfleute ein, denn das gesammelte Geld soll im Beisein dieser Gemeindevertreter gezählt werden. Der

Abt hat sich allerdings noch nicht wieder gezeigt.

Auf unsere entsprechenden Fragen erfahren wir, dass im Dorf hundert Familien mit mindestens jeweils sieben Personen leben. Die genaue Zahl der Kinder sei nicht bekannt, »viele« lautet die Antwort. Verhütungsmittel würden kostenlos vom Staat verteilt. Das Sagen im Dorf habe zwar der Ortsvorsteher, oberste Instanz sei jedoch der Abt. Außer ihm leben in diesem Kloster vier Mönche und fünf Novizen. Alle würden, wie es üblich ist, von der Dorfgemeinschaft unterhalten.

Eine ganze Weile sitzen wir nun schon hier oben und dies in recht unbehaglicher Körperhaltung. Ich kann meinen Rücken jedoch zur Entlastung an einen der Holzpfosten lehnen, die das Dach stützen. Endlich ist das Geld gezählt. Die Dollars werden separiert und Mikel übergeben, der sie in Kyat wechselt. Jetzt wird alles nochmals addiert und die Summe mit Kreide auf die Spendertafel geschrieben. Es sind 37.500 Kyat, also rund 37 US $ zusammengekommen. Das ist nicht viel, aber es haben sich auch nicht alle unserer Gruppe die Bretterstiege hinaufgetraut. Für die Dorfgemeinschaft bedeutet das Geld allerdings eine große Hilfe.

Mit unseren Ochsenkarrenkutschern haben wir vorhin durch Zeichensprache vereinbart, dass wir mit ihnen auch zurückfahren möchten, und tatsächlich warten sie auf uns. Nachdem die Schulkinder und Dorfbewohner uns freundlich verabschiedet haben, fahren wir nun wieder durch den Morast, dann aber bis zu einer grasbewachsenen Stelle direkt am Ufer, damit wir dort trockenen Fußes aussteigen können. Auf unsere Frage nach einem angemessenen Trinkgeld hatte Mikel 100 Kyat pro Person und Fahrt genannt. Mit Nachdruck weist der ältere Kutscher das Geld jedoch zurück. Auch als ich es ihm in die Hemdtasche stecke, zieht er die Scheine wieder heraus und drückt sie mir in die Hand. Nun mischt sich der Dorfvorsteher ein, der gerade eingetroffen ist. Er sagt etwas, was wohl bedeutet: »Sie haben so viel für unser Dorf getan, seien Sie unsere Gäste!« Diese Großzügigkeit ist für uns beschämend. Wir denken daran, wie arm die Leute sind und wie wenig wir gegeben haben.

Bei unserem Abschied sind wieder viele Dorfbewohner am Ufer versammelt, vor allem Frauen, junge Männer und Kinder. Eine Frau kommt offenbar gerade vom Waschen. Auf ihrem Kopf trägt sie zwei ineinander gestellte Schüsseln mit ausgewrungenen Wäschestücken. Breitbeinig verharrt sie in Ausruhpose, eine Hand auf die Hüfte gestützt, mit der anderen führt sie eine Maisstrohzigarre zum Mund.

»Unsere« Schule in Yandabo

Heute ist Dienstag, der 07. Oktober, wir haben in Yandabo festgemacht. Hier wurde mit finanzieller Hilfe der PANDAW II-Passagiere eine Schule gebaut. Für das Projekt verantwortlich war und ist unser Hotelmanager an Bord Franz S.

Schon seit dem frühen Morgen klingt durch Lautsprecher verstärkter monotoner Singsang vom Dorf zu unserem Schiff herüber. Wie wir später erfahren, müssen die Mönche an besonderen Tagen des buddhistischen Kalenders von Sonnenauf- bis Sonnenuntergang ununterbrochen fromme Verse deklamieren.

Wieder haben hilfreiche Bewohner an unserer Anlegestelle sofort einige Stufen in den Boden gegraben und festgeklopft, damit wir einigermaßen bequem an Land gehen können. Nach dem Zustand der Wege zu urteilen, scheint es hier gestern nicht so heftig geregnet zu haben. Das Dorf wirkt fast idyllisch. Mehrere Bäume sorgen mit ihren weit ausladenden Kronen für Schatten, auf saftig grünen Wiesen weiden gut genährte. Rinder. An einigen Lattenzäunen vor den Häusern stecken Nats, um über das Anwesen und dessen Bewohner zu wachen.

Als Erstes wandern wir nicht zur Schule, sondern zu zwei Hütten, wo im Schatten der weit heruntergezogenen Vordächer auf offenem Feuer gerade das Essen für die zehn Mönche des Dorfes zubereitet wird. Jeweils zwei Familien werden bestimmt, eine Woche lang die Klosterbewohner zu ernähren. Was da gerade brutzelt und dampft, sieht recht verlockend aus – also werden die Mönche wohl gut versorgt. Später beobachten wir, wie junge Frauen und Mädchen der beiden Familien die großen Töpfe und Schüsseln auf ihrem Kopf balancierend zum Kloster tragen. Die Essenträgerinnen haben sich in hübsche Longyis gewickelt und Blüten ins Haar gesteckt.

In der neben diesen Hütten liegenden Töpferei, deren Geschäftsbeziehungen sogar bis nach Australien reichen sollen, werden Gefäße für den täglichen Gebrauch hergestellt, das

Material dafür liefert der hiesige Boden. Die Schüsseln werden auf einer Drehscheibe geformt und danach mit der Hand nachbearbeitet. Eine größere Anzahl gleicher Schüsseln trocknet auf dem Hof in der Sonne, um später im Ofen gebrannt zu werden. Eine alte Frau formt auch kleine Figuren, die Menschen und Tiere darstellen. An einem improvisierten Stand auf dem Hof bietet sie sie für umgerechnet 20 Cents das Stück an.

Auf unserem Weg durchs Dorf steckt mir ein kleines Mädchen, das wohl nicht zur Schule gehen darf, weil seine Arbeitskraft gebraucht wird, einen winzigen Puppenteller aus getrocknetem Ton zu. Sie ist glücklich, als ich für sie ein Stückchen Hotel-Gästeseife aus meiner Umhängetasche ziehe. Da ich mir vorstelle, dass in einem von der übrigen Welt boykottierten Land alles, was aus dem Ausland kommt, sehr begehrt ist, habe ich auf unseren Exkursionen immer ein paar solcher Kleinigkeiten bei mir.

Die Schule ist ein schlichtes Steingebäude mit einer offenen gemauerten Veranda. Unbeschreiblicher Lärm dröhnt aus dem Haus, denn die Kinder lernen offenbar noch so, wie wir es bereits aus anderen Entwicklungsländern kennen, und wie es auch bei uns bis vor etwas über hundert Jahren üblich war: Gemeinsam plappern sie laut und monoton das nach, was der Lehrer vorspricht, denn auf diese Weise soll der Stoff sich einprägen.

An der Tafel steht sogar ein Satz auf Englisch »This is my head«. Die Kinder der ersten vier Schuljahre sind in Gruppen aufgeteilt. Zwei Gruppen sitzen Rücken gegen Rücken, die eine arbeitet still, während die andere skandiert. In dieser dorfeigenen Schule tragen die Kinder nicht die übliche Uniform aus grüner Hose, grünem Rock oder Longyi und beliebigem Oberteil, sondern ihre tägliche Kleidung. Die zweite Lehrkraft, eine junge Frau, hält während des Unterrichts ihr Baby auf dem Arm.

Wer von uns entsprechend vorgesorgt hat, kann jetzt für die Schule Hefte, Kugelschreiber, Blei- oder Buntstifte spenden – Dinge, die sehr begehrt sind und vom Lehrer dankbar empfangen werden. PANDAW II-Hotelmanager Franz S. nimmt auch Geldspenden entgegen für den laufenden Betrieb der Schule. Dafür verlangt er vom Lehrer genaue Verwendungsnachweise, und – wie er berichtet –

würden diese auch sehr gewissenhaft erbracht. Also entschließe ich mich, das Geld, das ich sonst für die üblichen Mitbringsel für unsere Enkel ausgegeben hätte, für diese Schule zu spenden, und zwar in deren Namen (was ich – wie ich unsere vier Enkel kenne –, voraussetzen kann). Franz S. verspricht, mit der Summe auch ihre Vornamen, ihr Alter und Heimatland an den Lehrer weiterzugeben. Somit erscheinen sie auf der hier üblichen öffentlichen Spendertafel, und die hiesigen Schüler erfahren, dass deutsche Kinder sie unterstützen.

Mittags legt die PANDAW II wieder ab, eine geruhsame Flussfahrt steht uns bevor. Dennoch fühle ich mich erschöpft, denn es ist unwahrscheinlich heiß und außerdem die Luftfeuchtigkeit an diesem Tag besonders hoch.

Am späten Nachmittag beantworten Frau Kalya und Herr Thung auf dem Salondeck Fragen der Passagiere. Obwohl Mikel uns bei Reisebeginn gebeten hatte, nicht über Politik zu sprechen, um die einheimischen Reiseleiter nicht in Verlegenheit zu bringen, fragt nun jemand Frau Kalya und Herrn Thung, was sie von ihrer Regierung halten. Frau Kalya sagt, sie hätte lieber eine andere. Ihr Kollege ist weniger mutig und hält sich bedeckt. Nun kommen einige Mitreisende mit Vorschlägen, wie die übrige Welt das politische Klima und die Zustände im Lande verbessern könne. Höflich hören sich unsere beiden Birmanen dies an. Als jedoch einige Mitreisende militärisches Eingreifen von außen ins Spiel bringen, melde ich mich zu Wort: »Nur wenige Menschen bei uns zu Hause kennen Myanmar und wissen von den Verhältnissen hier im Land. Das muss sich ändern. Die Medien müssen mehr darüber berichten, aber auch wir Touristen können etwas dazu beitragen, indem wir erzählen von dem, was wir gesehen und erlebt haben, und von den liebenswürdigen Menschen, denen wir begegnet sind. Je mehr aus dem Land nach draußen dringt, je mehr berichtet wird, desto stärker fühlen die jetzigen Machthaber sich beobachtet. Und wenn jemand sich beobachtet fühlt, wird er sich überlegen, ob er sich dieses oder jenes erlauben darf. So könnte sich allmählich auch das politische Klima für die Menschen im Lande verbessern. Mit Gewalt wird jedenfalls nichts besser!« Frau Kalya nickt zustimmend: »Ich danke Ihnen«, sagt sie.

Klosterschule & Morastwanderung

Am nächsten Tag, Mittwoch, 08. Oktober, müssen wir früh aufstehen, denn unser heutiger Vormittagsausflug nach Inva (Ava) beginnt schon um halb neun. Morgens sind es bei bedecktem Himmel bereits 28 °C.

Gerade eben sind wir unter der Inva-(AVA-)Brücke durchgefahren. Diese erste, noch von der britischen Kolonialmacht gebaute Brücke war seinerzeit die einzige Verbindung zwischen Nord- und Südbirma. Im Krieg gegen die Japaner wurde sie von den Briten gesprengt, später aber von ihnen wieder aufgebaut.

Mit dem Bus fahren wir die kurze Strecke zu einem Nebenarm des Flusses, von wo wir mit einer floßähnlichen Fähre aufs andere Ufer übersetzen wollen. Um auf die Fähre zu gelangen, klettern wir einen steilen Abhang hinunter. Am anderen Ufer warten schon Pferdewagen auf uns. Heinrich und ich sitzen hinten auf je einer schmalen Längsbank. Diesmal habe ich mein aufblasbares Nackenkissen als Sitzpolster mit, um die schlimmsten Stöße etwas abzufedern. Das ist wahrhaftig nötig, denn wieder geht es über Stock und Stein, während unser sehr junger Kutscher das kleine magere Pferd mit der Peitsche zum Galopp antreibt. Ungefähr eine halbe Stunde dauert die Fahrt, und wie bisher überall grüßen uns auch hier die Leute freundlich.

Wir kommen an Resten der Befestigungsmauer der ehemaligen Hauptstadt Inva (Ava) des nordbirmanischen Königreichs (14./15. und 17./18. Jh.) vorbei. Auf ungefähr halber Wegstrecke machen wir Halt, um ein Ruinengelände königlicher Bauten zu besichtigen, wozu natürlich auch eine Pagode gehörte. Es ist ein romantischer Ort, an dem üppig wachsende Pflanzen einen großen Teil der Mauern einer Säulenhalle und eines ehemaligen Schwimmbeckens überwuchern. Mitten aus dem Grün ragen einige verfallene Türmchen und steinerne Buddha-Statuen heraus.

Weiter fahren wir – wieder über Stock und Stein – bis zu einem Kloster, das in einem ehemaligen Königshaus untergebracht ist. Hier befindet sich auch eine Schule für Waisen. Schon von Weitem hören wir den Lärm der skandierenden Jungen. Im Schulraum sitzen sie auf dem Fußboden vor niedrigen Bänken. Ein älterer Schüler zeigt auf die entsprechende Zeile auf der Tafel: 2 x 2 = 4, 3 x 3 = 9 usw. Der Lehrer-Mönch liegt bequem auf einem seitlich stehenden Ruhesessel und schlägt mit einer kurzen Gerte den Takt. Die Schüler sind kleine Novizen in ihren roten Gewändern, die die rechte Schulter frei lassen, aber auch Jungen in normaler Kleidung. In der zweiten Gruppe mit den älteren Jungs übernimmt die Lehrerfunktion ebenfalls einer der fortgeschritteneren Schüler. Ein Korb geht herum, denn selbstverständlich wird auch hier eine Spende von uns erwartet.

Wir streifen durch das Gebäude, das auf Stelzen steht und vollständig aus dunklem Teakholz gebaut wurde. Von einem umlaufenden Balkon mit schönen Schnitzereien an der Brüstung blicken wir in den großen dunklen Innenraum, der bis auf einige Amphoren leer ist.

Anschließend an den Besuch des Klosters wird gefragt, wer während der uns hier noch zur Verfügung stehenden Zeit zu einer Pagodenruine wandern möchte, die ebenfalls zum ehemaligen königlichen Palast gehört. Mikel schwärmt geradezu von diesem Ort, und so schließen auch wir uns der kleinen Gruppe von ungefähr einem Dutzend Leuten an. Hätte ich allerdings vorher gewusst, was uns erwartet, wäre ich wohl nicht mitgegangen.

Gegen die inzwischen unbarmherzige Sonneneinstrahlung habe ich wieder meinen Regenschirm aufgespannt. Wir bewegen uns auf morastigem Weg, der dann aber ganz unerwartet vollständig unter einem über die Ufer getretenen Teich verschwindet. Wie die anderen versuche ich, am Rand zu gehen, doch mit meinen 1,60 m Körpergröße und entsprechend kurzen Beinen versinke ich sogar hier bis eben unterhalb der Knie im zähen Morast.

Heinrich ruft hinter mir: »Wir sollten lieber wieder umkehren, ich gehe jedenfalls jetzt zurück!« Mich zu diesem Zweck um hundertachtzig Grad zu drehen, kann ich allerdings nicht riskieren, da ich dann für kurze Zeit auf einem Bein stehen müsste und bei dem schlammigen Boden das Gleichgewicht verlieren würde. Das geschieht dennoch, ich rutsche aus und halte mich gerade noch an grasbewachsenem Erdreich am Rand fest. Aus dieser Lage käme ich mit eigener Kraft nur heraus, wenn ich eine Bauchlandung in Kauf nähme. Doch da kommt mir eine der Souvenirverkäuferinnen, die uns auf Schritt und Tritt begleiten, zu Hilfe. Sie packt mich am rechten Oberarm, und mit ihr als zuverlässigem Halt wage ich, mich nun weiter durch den zeitweise für mich bald über knietiefen Morast vorwärtszubewegen. Sie bietet mir sogar an, auch noch meine Schuhe und meinen inzwischen ziemlich demolierten Schirm zu tragen. Das lehne ich ab, denn sie hat schon genug damit zu tun, mich überhaupt festzuhalten. Ich frage sie auf Englisch, von dem sie offenbar einige Brocken versteht, und zusätzlich mit Zeichensprache, ob sie mich auch auf dem Rückweg wieder begleiten werde. Beruhigend lächelnd nickt sie. Sie ist dreißig, wie sie mir später erzählt, und trotz ihrer zierlichen Figur erstaunlich kräftig.

Endlich steigt der Boden wieder an, der Morast ist nur noch knapp knöcheltief, wir haben die Ruinen des Königspalastes erreicht. Es ist fast zu heiß, um nun auch noch die Außentreppe der Pagode hinaufzuklettern. Eifrig bedeutet mir aber meine kleine Freundin, sie wisse einen besseren Weg. Dies ist ein gewendelter Innengang ohne Stufen, den sie mir jetzt voraus hinaufläuft. Von oben bietet sich dann ein wunderschöner Blick auf die bezaubernde Landschaft. Alles ist grün und sieht sehr fruchtbar aus. Neben Reis werden hier Bohnen und anderes Gemüse angebaut, dazwischen stehen immer wieder Gruppen dicht belaubter Bäume, und über der weiten Ebene spannt sich der blaue Himmel mit weißen Wolkenkissen.

Die anderen, erheblich jüngeren Teilnehmer dieser Expedition arbeiten sich nochmals ungefähr fünfzehn Meter durch Morast, um zu einem Labyrinth zu gelangen, in dem die Prinzessin sich einst mit ihren Gespielinnen vergnügt hatte. Doch die Sonne brennt erbarmungslos, und deshalb bleibe ich mit meiner liebenswürdigen Begleiterin lieber im Schatten vor der Pagode. Die junge Frau hat eine Korbtasche bei sich mit Souvenirs, für die ich mich jetzt anstandshalber interessiere, denn ihr Trinkgeld zu geben, wäre unhöflich oder sogar kränkend. Schließlich kaufe ich ihr eine Messingglocke mit darauf ziselierten Elefanten ab. Bereitwillig lässt sie sich auch fotografieren und stellt sich dafür extra in Pose.

Der Rückweg zum Platz, an dem die Pfer-

99

dewagen warten, ist dann nicht mehr ganz so aufregend, da ich inzwischen weiß, dass ich an meiner Helferin sicheren Halt finde. Meine Hintermänner und -frauen »bewundern« indessen amüsiert meine ehemals weiße Hose, die offenbar ein interessantes Schmutzdessin aufweist.

Als wir endlich wieder festen Boden unter den Füßen haben, geleitet die junge Frau mich fürsorglich noch zu einem kleinen Steg. Er ragt in den neben dem überfluteten Weg gelegenen Teich hinein. Sie bedeutet mir, hier im klaren Wasser könne ich meine Füße und Beine vom Lehm säubern.

Mit dem gleichen Pferdewagen fahren wir wieder zurück. Unterwegs halten wir nochmals an grün überwucherten Ruinen eines ehemaligen Königspalastes und klettern auf einen schief stehenden Holzturm, der einstmals als Wachturm gedient hatte. Das prächtige, steinerne Ob Kyaung Gebäude, ein ehemaliges Kloster und jetzt Museum, betrachten wir bei unserem nächsten Halt jedoch nur von außen.

Mandalays berühmter Buddha

Nach dem Mittagessen an Bord und einer kurzen Erholungspause geht es weiter mit Besichtigungen, diesmal mit dem Bus. Inzwischen hat unser Schiff Mandalay erreicht und liegt dort sogar an einer richtigen Pier. An dieser Gawwein-Pier hat gerade auch die elegantere und größere Schwester der PANDAW II festgemacht, die ROAD OF MANDALAY.

Hier ist es nun sehr städtisch, wenn auch nicht großstädtisch. Moderne Hochhäuser sehen wir auf unserer Route nicht, doch der kaum durch Ampeln geregelte Verkehr auf den sehr schlechten Straßen oder eher Wegen ist recht lebhaft.

Als Erstes fahren wir zu einer Firma, die Blattgold herstellt. Die vorher grob ausgewalzte Goldplatte liegt auf einer Unterlage zwischen zwei Brettern, auf die ein davor stehender junger Mann mit einem gewaltigen Holzhammer schlägt. Ein primitives Messgerät – eine Art Sanduhr – kontrolliert die Zahl der ihm vorgegebenen Schläge. Seine beiden Kollegen ruhen sich inzwischen aus, um dann jeweils den anderen abzulösen. Einmal bearbeiten auch alle drei gleichzeitig jeweils eine Goldplatte. Dabei schlagen sie im Takt, der hin und wieder wechselt. Die muskulösen Männer in Longyis zeigen dabei ihren nackten, fantasievoll tätowierten Oberkörper. Einer von ihnen legt uns Touristen ein hauchdünnes Goldblättchen mit leichtem Druck auf die Hand, die dann an dieser Stelle wie mit Gold gepudert aussieht. Zum Dank flattern etliche Dollar-Scheine zu den Goldklopfern. Junge Frauen verpacken die fertigen hauchdünnen Blättchen zu jeweils zehn oder mehr Stück. Diese Päckchen Blattgold kaufen die Leute, um mit den einzelnen Blättchen Pagoden oder Buddha-Figuren zu belegen.

Die Mahamuni Pagode, unser nächstes Ziel, beherbergt eine sehr berühmte alte Buddha-Figur, die durch derartige Blattgoldauflagen im Laufe der Zeit um 15 cm dicker und damit ziemlich unförmig geworden ist. Dieser Buddha gilt als der Bedeutendste und am meisten Verehrte im Land. Ein Wärter soll ihm frühmorgens sogar die Zähne putzen!

Doch nur Männer dürfen sich dieser Figur nähern und Goldblättchen auflegen. Deshalb muss ich zusammen mit meditierenden einheimischen Frauen hinter einer Barriere bleiben.

Plötzlich ist Heinrich verschwunden! Ich traue meinen Augen nicht, als ich ihn schließlich neben dem unförmigen Buddha entdecke und beobachte, wie er die Statue mit einem oder zwei Goldblättchen belegt. Später berichtet er, er sei regelrecht dorthin gedrängt worden, man habe ihm das Gold in die Hand gedrückt und gezeigt, was er damit tun solle. Anschließend sei er natürlich um eine »Donation« gebeten worden.

Der überdachte Gang zum unförmigen Gold-Buddha ist wieder gesäumt mit Souvenirständen. Zwei Jungs fragen mich hoffnungsvoll: »L i p p e n s t i f t?« Ich schüttele den Kopf und sage: »Ich habe keinen!« Doch jetzt deuten sie auf meine weiße Nylon-Umhängetasche, um mir zu zeigen, ich hätte doch einen Lippenstift dabei. »Nein, das ist ein Film«, erkläre ich und öffne den Reißverschluss. Enttäuscht schauen sie auf die schwarze Dose. »Wartet«, sage ich ... Als »Kriegskind« weiß ich, dass auch banale Dinge wie Näh- und Sicherheitsnadeln, Knöpfe und Nähgarn in Zeiten des allgemeinen Mangels kleine Kostbarkeiten sind. Deshalb habe ich heute die vorsorglich von zu Hause mitgebrachten Nähsets eingesteckt, die ich im Laufe der Jahre als Souvenir der verschiedenen Hotels gesammelt hatte. »Wartet«, sage ich also, »vielleicht habe ich doch noch was für euch!« Kaum haben die beiden Jungs je ein solches Nähset erhalten, bin ich schon umringt von einer Gruppe Kinder, die wie aus dem Nichts von irgendwoher aufgetaucht sind! Aber leider kann ich nur fünfundzwanzig von ihnen damit glücklich machen.

Reißverschlüsse gehören vermutlich auch zu den Mangelwaren. Denn unterwegs bemerke ich, dass Frauen meine Nylontasche mustern und sich miteinander darüber unterhalten. Nach einigem Nachdenken komme ich darauf, dass ihnen daran die aufgesetzten Extrataschen auffallen und an diesen die metallenen Reißverschlüsse.

Auf dem weitläufigen Pagodengelände mit verschiedenen Höfen, Tempeln und Pavillons spazieren wir eine ganze Weile herum. Aus einem Gebäude kommt Musik, bunte Lichter blinken auf. In der Annahme, dies sei ein Restaurant, in dem wir Tee oder Kaffee trinken könnten, gehen wir die Stufen hinauf. Doch es ist ein Art Museum des Buddhismus, in dem gerade eine Bilderausstellung läuft. Von einer Galerie aus sehen wir hinunter in eine Halle. Dort ist der Fußboden bedeckt mit einem Landkartenrelief der Länder, in denen der Buddhismus verbreitet ist. Auf der gegenüberliegenden Wand thront eine Buddha-Figur, von der zuckende Lichtblitze ausgehen. Zu diesem Buddha führen drei symbolische Treppen in den Farben Rot, Gelb und Weiß. Sie sind allerdings nicht wie normale Treppen gestaltet, sondern wie Rolltreppen mit Handläufen an den Seiten.

Als ich später wieder zum Bus schlendere und davor bis zur Abfahrt noch eine Weile warte, bietet eine Frau mir einen Stuhl an. Sie hat mich schon eine Zeitlang verfolgt. Es ist eine ambulante Händlerin, die Anstecker oder Haarschmuck in Form von zarten bunten Schmetterlingen verkauft. Jetzt steckt sie mir einen dieser Schmetterlinge an die Bluse. Ich wehre ab, denn ich möchte nichts kaufen. Aber sie bleibt hartnäckig und gibt mir durch Zeichen lächelnd zu verstehen, dies sei ein

Geschenk. Und jetzt begreife ich: Offenbar hat sie mich beobachtet, als ich die Nähsets verteilte und will mir nun dafür danken.

An diesem Nachmittag besuchen wir auch noch eine Seidenweberei. Hier stellen junge Frauen komplizierteste Muster auf Hand- oder besser: Fußwebrahmen her. Sie bedienen dabei mit den Füßen bis zu sechs Pedale, zeitweise sogar mit überkreuzten Füßen. Die obere sichtbare Stoffseite ist die linke. Eine Weberin hält einen Handspiegel unter das Gewebe, damit wir das eigentliche Muster auf der rechten Seite erkennen können.

Im Verkaufsraum trinken wir einen grünen Tee und kommen dabei ins Gespräch mit anderen deutschen Touristen. Ihr deutscher Reiseleiter lebe seit sieben Jahren in Mandalay, berichten sie und habe eine eigene Agentur. »Aber«, klagen sie, »seine Touren sind viel zu anstrengend!« Nun, unsere Touren sind auch anstrengend, aber wir finden dies positiv – schließlich wollen wir doch in relativ kurzer Zeit möglichst viel sehen und erleben!

U-Bein-Brücke & weiße Pagode

Der Bus bringt uns nach der kurzen Verschnaufpause in der Weberei zum Taunghtaman-See, über den die berühmte U-Bein-Brücke führt – eine 1,2 km lange Brücke aus Teakholz. Zunächst steigen wir am Ufer des Sees jeweils zu dritt in ein Ruderboot; unser dritter Mann ist Mikel. Er bietet an, Heinrich und mich zusammen zu fotografieren und bittet den Ruderer, für diesen Moment mit Rudern innezuhalten. Anschließend hört der Mann jedes Mal unaufgefordert mit Rudern auf, wenn ich meinen Fotoapparat zücke.

In Amarapura am gegenüberliegenden Ufer und etwas abseits der Brücke gehen wir zur weißen Kyauktawyi Pagode aus dem 19. Jahrhundert. Sie besitzt sehr schöne Fresken und eine Buddha-Figur aus hellem Marmor. Zwischen den Säulen der umlaufenden Terrasse knien in jeweils einer Skulpturen-Gruppe zu acht 88 Schüler Buddhas. Ein

wunderschöner Park umgibt die Pagode. Hier beobachte ich Novizen oder junge Mönche, die sich gerade unter einer Pumpe waschen und die Zähne putzen.

Es folgt ein ungefähr viertelstündiger Spaziergang durch ein kleines Dorf, das direkt an der berühmten U-Bein-Brücke liegt. Ich müsste unbedingt eine Toilette aufsuchen und berate mich deshalb mit Frau Kalya. Sie spricht einen jungen Dorfbewohner an, dem ich durch einen schmalen Gang zwischen zwei Hütten folge und dann auf einen Hof gelange. Etwas erhöht stehen zwei Häuschen. Der junge Mann weist auf eines von ihnen, das andere trägt ein Vorhängeschloss. Aber auch diese Tür ist verschlossen. Ich sehe fragend zu dem jungen Mann, der mir bedeutet, ich solle an der Tür rütteln – ohne Erfolg! Jetzt höre ich dahinter laute, unwillige Worte. Eine kurze Weile warte ich noch und entferne mich unverrichteter Dinge. Und dann sage ich mir – frei nach Christian Morgenstern – »was nicht sein kann, das nicht sein darf« und vergesse einfach mein Problem.

Die U-Bein-Brücke besteht nicht nur aus Teakholz, sondern sie ist auch auf Teakholzpfählen gegründet. Seitengeländer besitzt sie nicht. Die quer angeordneten Laufplanken sind recht schmal, hin und wieder fehlen einzelne. Viele Fußgänger und sogar ein Radfahrer sind auf der ungefähr zwei Meter breiten Brücke unterwegs. Ein Musiker, der von seiner Frau am Arm geführt wird, singt unentwegt die erste Zeile des deutschen Liedes »Mein Vater war ein Wandersmann …« und greift dazu einige Akkorde auf der Gitarre. Mit bettelnd geöffneter Hand bleibt die Frau vor mir stehen. »For my husband, he is blind!«, sagt sie und schiebt zum Beweis die Augenlider über die trüben, pupillenlosen Augen des Mannes.

Jetzt am frühen Abend und kurz vor Sonnenuntergang herrscht eine eigenartige Stimmung auf dem See, aus dessen schwarz schimmerndem Wasser einige belaubte Bäume herauswachsen. Ruderboote mit Paaren gleiten hin und her, der Himmel ist schon fast vollständig mit Abendwolken bedeckt, bis auf leises Plätschern ist es sehr still.

Ein kleines mageres Mädchen hat sich mir angeschlossen. Die Kleine kann etwas Englisch, das sie an mir ausprobiert, auch mit einigen Brocken Deutsch versucht sie es. »How old are you?«, fragt sie mich. Wie schon erwähnt, ist diese Frage hier üblich und in keiner Weise indiskret. Sie sei sieben, verrät sie mir. Natürlich fragt sie auch: »Where are you come from?« Über ihrem linken Arm trägt sie ungefähr zehn schwere Jadeketten, sie versucht aber nicht, mit mir ins Geschäft zu kommen. Erst kurz vor dem Brückenende sagt sie leise und wie nebenbei: »I sell jade.« Ich zeige auf die heute im Laufe des Tages gekaufte Kette, die ich um den Hals hängen habe und schüttele bedauernd den Kopf. »Auf Wiedersehen!«, sagt sie auf Deutsch und gibt mir die Hand. Später, als ich zu Hause meine Fotos betrachte, stelle ich fest, dass sie schon den ganzen Tag mit uns unterwegs gewesen war.

Die Busse bringen uns dann in ungefähr dreiviertelstündiger Fahrt zurück zu unserem Schiff. Vor der Pier warten Crewmitglieder mit Taschenlampen, um uns in der Dunkelheit den Weg über Stock und Stein und gefährlich rund gemauerte Stufen auszuleuchten und uns auch tatkräftig beim Abstieg zu unterstützen. Zur PANDAW II müssen wir diesmal noch ein Ponton-Arbeitsschiff durchqueren.

Ein wunderschöner, aber auch anstrengender Tag liegt hinter uns. Deshalb steigen wir nach dem Abendessen nur für kurze Zeit hinauf aufs Sonnendeck, wo heute eine birmanische Tanzgruppe gastiert. In prächtigen historischen Gewändern tanzen sie mit ungestümen Bewegungen.

Anschließend sitzen wir vor unserer Kabine auf den Korbstühlen, legen die Füße auf die Reling, nehmen einen Drink und lassen diesen mit Erlebnissen vollgestopften Tag entspannt zu Ende gehen.

Königspalast & weltgrößtes Buch

Donnerstag, den 09. Oktober, fahren wir schon frühmorgens mit dem Bus durch Mandalay. Nach dem nächtlichen Monsunregen steht das Wasser auf den Straßen noch in tiefen Pfützen. Viele Moped- und Radfahrer sind unterwegs zur Arbeit.

Am Fuß des 236 m hohen heiligen Mandalay Hill ziehen wir unsere Schuhe aus und steigen um in Pick-ups. Jeweils zu viert sitzen wir dort auf schmalen Holzbänken. Die enge Bergstraße führt in Serpentinen hinauf, auf einer anderen geht es später wieder hinunter. Nach der Fahrt in atemberaubendem Tempo – sogar in den Kurven – steigen wir auf halber Strecke aus. Hier führen etliche Stufen zum Peshawar-Schrein, in dem sich drei Knochen Buddhas befinden sollen Barfuß gehen wir weiter, bis wir zu einem anderen Schrein kommen, in dem ein vergoldeter Buddha steht; er zeigt mit ausgestrecktem Arm in Richtung Königspalast. Diese Figur symbolisiert eine Prophezeiung, nach der Buddha gesagt haben soll: »Zweitausendvierhundert Jahre nach meiner Wiedergeburt wird hier eine große Stadt entstehen!«

Nach weiteren Stufen fahren wir bequem auf einer Rolltreppe bis zur Hügelkuppe. Hier erwartet uns diesmal keine Pagode, sondern eine wie ein Tempel gebaute Aussichtsplattform. Sie hat einen gefliesten Fußboden und mit Spiegelscherben beklebte Säulen, die ein Türmchendach tragen. Jetzt, um ungefähr neun Uhr morgens, bietet sich uns von hier oben ein klarer Blick auf die grüne Landschaft mit verstreut liegenden Pagoden, auf den Königspalast, den wir später besuchen werden, und in weiter Ferne auf den Irawadi. Viele Bäume wachsen am Hügelabhang: Tamarinden, eine Ficus-Art, mehrere Akazien-Gattungen, Papaya- und Sternfruchtbäume sowie andere uns unbekannte Gewächse.

Eine ganze Weile genießen wir den Ausblick, bevor wir wieder in unseren hochbeinigen Pick-up klettern. Mikel geht derweil mit einigen Unermüdlichen unserer Gruppe zu Fuß den Berg hinunter. 1729 Stufen müssen sie dabei bewältigen und dies natürlich barfuß!

Zurück am Saum des heiligen Hügels, ziehen wir unsere Schuhe wieder an und fahren mit unserem Bus zur Kuthodaw Pagode, auf deren Gelände sich »das größte Buch der Welt« befindet. Dieses »Buch« besteht aus 729 weißen Marmortafeln, in die der Text der buddhistischen Lehre gemeißelt wurde, und zwar auf Birmanisch. Mindon Min, Birmas vorletzter König, gab diese Arbeit 1860 in Auftrag. Die einzelnen Tafeln stehen aufrecht in steinernen Schreinen, die von einem mit kunstvollen Verzierungen versehenen Türmchen gekrönt werden. Die Schreine bedecken ein riesiges Areal. Nicht nur die Schrifttafeln, sondern auch alle anderen sakralen Gebäude wurden aus weißem Marmor errichtet. – Unweit dieser Anlage bestaunen wir einen jahrhundertealten, weit ausladenden Sternfruchtbaum.

In unmittelbarer Nähe vom »größten Buch der Welt« hat sich ein Markt aufgebaut mit Riesenrad, Karussells, Verkaufsständen, fliegenden Händlern und Bettlern. Letztere haben wir bisher auf dieser Reise noch nicht gesehen oder vielleicht auch nicht wahrgenommen. Eine Bettlerin mit einem Kind auf dem Arm, das die kleine Faust voller Dollar-scheine hat, bedrängt uns hier in sehr aufdringlicher Weise. Dies hat ein älterer Mönch beobachtet, der uns nun zu Hilfe kommt. Mit lauten Worten und heftigen Gesten scheucht er sie fort. Auf dem Markt werden gerade Extradekorationen angebracht, denn morgen findet das »Vollmondfest« statt – ein wichtiges Ereignis in diesem buddhistischen Land.

Nicht weit von hier steht ein gänzlich aus Teakholz gebautes und mit vielerlei kunstvollen Schnitzereien verziertes ehemaligen Königshaus, das wir jedoch nur von außen besichtigen. Eine genaue Erinnerung hieran habe ich allerdings nicht, denn an diesem letzten Tag unserer Flussreise stürmen zu viele Eindrücke auf uns ein!

Weiter fahren wir mit unserem Bus zum Palast König Mindons. Innerhalb hoher Mauern befinden sich die zahlreichen Häuser der Palast-Anlage, und in einem kann man auch den imposanten Thron des Königs betrachten. Die Gebäude bestehen sämtlich aus Holz mit roten Dächern und vergoldeten Schnitzereien an den Simsen.

Im hölzernen Wachturm gelangen wir über eine Wendeltreppe ganz nach oben. Von dort aus können wir fast wir die gesamte Anlage überblicken, deren Seitenlänge jeweils zwei Kilometer misst. Auf etlichen Palastbauten befinden sich Holzhäuschen, die uns etwas an Taubenschläge erinnern. Hierin saßen Wächter, die durch Lärm und Schüsse Vögel vertreiben sollten, denen nachgesagt wurde, Unglück zu bringen. Zu diesen gehörten Krähen, Raben und Geier. Leider sind sämtliche Gebäude Nachbildungen, denn die Originalbauten aus dem Ende des 19. Jahrhunderts waren von den Engländern im Krieg gegen die Japaner zerbombt worden.

Es ist kaum zu glauben, was alles wir an diesem einen Vormittag erlebt haben! Und auch noch für nachmittags ist ein weiterer Ausflug geplant, und zwar die Fahrt mit einem anderen Schiff nach Mingun.

Aber wir verzichten weise, denn die Grenze unseres Aufnahmevermögens an neuen Eindrücken ist erreicht. Jedenfalls für heute. Außerdem müssen wir noch packen: Morgen fliegen wir nach Yangon.

118

Vollmondfest in Yangon

Es ist der 10. Oktober. Durch den Gong, der uns sonst zum Essen ruft, werden wir heute schon um fünf Uhr geweckt, eine halbe Stunde später gibt es Frühstück. Um halb sieben fahren wir mit dem Bus zum Airport Mandalay, um von dort nach Yangon zu fliegen. Die Fahrt zum Flugplatz, zeitweise durch eine sehr schöne Allee, dauert eine knappe Stunde.

Im Airport-Terminal ist es dämmerig, denn der Strom ist ausgefallen. Mitreisende berichten kopfschüttelnd, dass sie sich auf der Toilette im Dunkeln irgendwie haben zurechtfinden müssen. Natürlich funktionieren die Durchleuchtungsgeräte, der Sicherheitsdurchgang und auch die Klimaanlage nicht. Ergeben verbringen wir schwitzend die ungefähr einstündige Wartezeit. Mit einem Bus fahren wir aufs Rollfeld. Zu meiner Erleichterung fliegen wir mit der Air Mandalay und nicht mit den für zahlreiche Abstürze berüchtigten

Myanmar Airways. Vor Letzterer warnt sogar das Deutsche Auswärtige Amt auf ihren Internetseiten, die ich vor unserer Abreise besucht hatte. Die Air Mandalay ist eine private Fluggesellschaft, deren Tickets allerdings ungefähr doppelt so teuer sind wie die der unsicheren staatlichen Linie.

Die Turboprop-Maschine ist bis auf den letzten Platz besetzt. Der ursprünglich einstündige Flug verlängert sich um eine halbe Stunde, da eine Zwischenlandung in Bagan eingelegt wird. Hier steigen Fluggäste aus und andere ein; es sind überwiegend Europäer. Dieser unvorhergesehene Zwischenstopp beschert uns noch einen schönen Blick aus der Vogelperspektive auf das Pagodenfeld.

Auf dem Airport Yangon brauchen wir uns um unser großes Gepäck nicht zu kümmern, das auch diesmal direkt von der PANDAW-Agentur zum Hotel gebracht wird. Auf dem Weg dorthin machen wir einen Umweg zum »größten liegenden Buddha«, gestiftet 1966. Er ruht etwas erhöht in einer riesigen Halle. Auf den Wänden sind die Namen der Spender und Sponsoren vermerkt. Dieser siebzig Meter lange Buddha mit überlangen Ohrläppchen hat wieder weibliche Formen und volle blutrote Lippen, schwarz umrandete Augen und rote Finger- und Fußnägel. Als Besonderheit gelten auch seine Fußsohlen, die überreich mit für uns rätselhaften Linien und Zeichen versehen sind. Hier in der Halle sind viele Menschen unterwegs. Familien haben sich auf Decken zum Picknick auf dem Boden niedergelassen, um die Zeit bis zum heute Abend beginnenden Vollmondfest abzuwarten.

Im Hotel – es ist wieder das Kandaw Gyi Palace Hotel am Königssee –, finden wir das Gepäck bereits in unserem Zimmer vor. Nach dem Mittagessen und einer kurzen Siesta brechen wir auf zu einer Stadtrundfahrt. Im Zentrum am Maha Bandoola Park steigen wir aus dem Bus und haben dann eine Stunde Zeit, uns auf eigene Faust umzusehen. Wegen des Vollmondfestes herrscht Volksfeststimmung auf den Straßen und auch im Park, der allerdings mit nur wenigen Rabatten, Rasenflächen und einzelnen Baumgruppen nicht sehr einladend wirkt. Außerdem treiben sich hier einige etwas zwielichtig wirkende Gestalten herum, und auch daran merken wir, dass wir wieder in einer Großstadt sind.

Im Zentrum sind noch einige Kolonialbauten aus britischer Zeit erhalten, wie z. B. Botschaftsgebäude und die Post. Die US-Botschaft hat ihre Straße mit dicht an dicht stehenden Blechtonnen verbarrikadiert und auch die nächste abgeriegelt. Direkt daneben verbreiten junge Leute und Straßenverkäufer über enorm laute Verstärker westliche Musik. Wollen sie damit die Amerikaner erfreuen oder ärgern? Die Frage bleibt offen.

Heinrich und ich gehen hier getrennte Wege, da wir uns auf den richtigen nicht einigen können. Ich spaziere – natürlich wieder barfuß – die Treppe hinauf zur Sule Pagode, in deren Umfeld sich eine Art Markthalle und verschiedene Läden befinden. Ein junger Mönch spricht mich an. Freundlich fragt er mich auf Englisch, wo ich denn hinwolle. Zu meinem Bus, sage ich der Einfachheit halber. Vermutlich meint er, ich hätte mich verlaufen.

Die Stunde Aufenthalt ist bald vorüber, und jetzt fahren wir mit dem Bus zum »Strand-Hotel« – offenbar ein »Muss« für ausländische Touristen. Das »Strand« soll während der Kolonialzeit ein beliebter Treffpunkt für Engländer gewesen sein. Im Restaurant dieses legendären, etwas schlichten Hauses trinken wir einen sehr guten Kaffee, bevor wir zurück zum Hotel fahren.

Vor dem Abendessen spazieren Heinrich und ich durch den Hotel-Park, der mit tropisch üppig wucherndem Grün sehr gepflegt ist. Wir wandeln auf schmalen Wegen, durch verschwiegene Pfade und über einen Steg, der zum großen gemauerten Swimmingpool führt. Direkt am Ufer des Königssees verbergen sich laubenartige Ruheplätze, kleine Pavillons und Bänke aus Holz oder Stein. Von hier blicken wir auf eine Nachbildung der prächtigen königlichen Barke, die am Ufer uns gegenüber liegt, und auf die Skyline moderner Hochhäuser.

Unser Dinner findet zur Feier des Vollmondfestes heute in der Präsidentensuite im Groundfloor statt. Es wurde aber auch draußen auf der Terrasse gedeckt, die etwas oberhalb des Sees liegt. Inzwischen ist es dunkel geworden. Die königliche Barke am gegenüberliegenden Seeufer wird jetzt romantisch beleuchtet, und der goldene Stupa und die Türmchen der Shwedagon Pagode werden angestrahlt. Statt eines lauten Feuerwerks steigen beleuchtete »Himmelslaternen« aus buntem Papier gemächlich auf. Vor dem dunklen Abendhimmel treiben sie ruhig dahin und bilden hin und wieder sogar zufällige Sternbilder. Die Lichter spiegeln sich im See, und die Insekten lassen sich von auf den Tischen aufgestellten Räuchervorrichtungen vertreiben. Wir sitzen heute mit einem jüngeren Ehepaar zusammen, mit dem wir uns sehr angeregt unterhalten. So angeregt, dass wir gar nicht merken, dass das Personal schon unruhig wird. Deshalb verziehen wir vier uns in die Hotelhalle in einen der Barbereiche.

Dort ertönen bald wieder Operettenmelodien vom kleinen Musikerbalkon. Später setzt sich der Barpianist an den Flügel und unterhält die nur noch wenigen Gäste. Kurz nach Mitternacht beschließen wir den Abend. Nachts schlafe ich sehr gut, obwohl sich eine Erkältung anbahnt.

Abschied von Südostasien

Am nächsten Tag, dem 11. Oktober, geht es morgens zum Flughafen, der weit außerhalb der Stadt liegt. Der Weg dorthin führt streckenweise durch landwirtschaftlich kultiviertes Gebiet, das sehr fruchtbar aussieht.

Auf diesem Airport funktioniert zwar die Sicherheitselektronik, doch die Klimaanlage ist defekt. Unser Gepäck wurde vom Hotel direkt eingecheckt, jetzt wird nur noch das Handgepäck durchleuchtet und wir selbst. Wir erhalten unsere Bordkarten, gehen für eine Viertelstunde in die Business-Lounge, um dort etwas bequemer zu sitzen als in der normalen Abfertigungshalle. Allerdings hören wir hier keinen Aufruf, sondern erfahren nur durch Zufall vom Boarding, denn auf unseren Tickets ist keine Zeit vermerkt. Mit einem Kleinbus werden wir zum Flieger transportiert. Dort haben wir gute Plätze, es gibt sogar einen Snack, und nach ungefähr eineinhalb

Stunden landen wir zum Stopover in Bangkok. Als wir aus der Flughafenhalle kommen, gießt es in Strömen. Zum Glück wartet unser Bus unter einem Dach.

Im Stadtviertel um das sehr schöne Amari Atrium Hotel ist es trocken geblieben. Wir werden begrüßt durch den smarten jungen Hotelmanager, einem Deutschen. Den Lift zu unserem Zimmer im 14. Stock können wir aus Gründen der Sicherheit hier nur benutzen, indem wir unsere elektronische Zimmer-Schlüsselkarte in den dafür vorgesehenen Schlitz stecken. Aus unserem Zimmerfenster sehen wir in einiger Entfernung ein heftiges Gewitter toben. Wir ruhen noch ungefähr zwei Stunden, denn wir sind sehr müde. Vor allem ich, da inzwischen meine Erkältung ihren Höhepunkt erreicht hat – ich habe Fieber.

Abends wird ein gemeinsamer Ausflug in ein Speiserestaurant mit Tanzvorführung angeboten, auf den wir verzichten. Stattdessen gehen wir innerhalb des Hotels in die »Mingles Bar«, wo ein »Oktoberfest« (wir sind in Thailand!) stattfindet. Deshalb ist das Restaurant auch blauweiß dekoriert, und auf zwei Monitoren werden Szenen aus Fußballspielen mit dem FC Bayern sowie der deutschen Nationalmannschaft gezeigt. Selbstverständlich gibt es auch bayerisches Bier vom Fass. Nach der asiatischen Kost in Myanmar habe ich jetzt Appetit auf ein Steak. Die Bedienung führt mich zu einem Schaukasten mit Rinderfiletstücken. Hier suche ich mir eines aus und nenne die gewünschte Grammzahl. Dazu bestelle ich Pommes Frites und Salat und esse trotz meiner starken Erkältung mit gutem Appetit. Und das Bier tut ein Übriges zum relativen Wohlbefinden.

Sonntag, 12. Oktober. Bereits um acht Uhr morgens beginnt unsere Stadtrundfahrt mit Besichtigung des Wat Pra Keo (Goldener Palast). Schon 1994 und zuletzt 1998 waren wir dort, und die Erinnerung ist noch frisch. Aber dennoch könnte man selbstverständlich viele Tage hier zubringen und immer wieder Neues entdecken. Der Gesamteindruck ist der von unglaublicher Pracht, architektonisch fantasievollen Gebäuden, prächtigen Mosaiken, feinsten Zeichnungen und wunderbaren Steinschnitzereien. Es gibt übrigens neben der üblichen Vorschrift, dezente, Knie bedeckende Kleidung zu tragen, auch eine für die Schuhe.

Diese sollten nämlich an den Fersen geschlossen sein.

Leider rauscht heute alles ein wenig an mir vorbei; immer noch habe ich Fieber und bei der tropischen Hitze bin ich schnell erschöpft. Was ich dennoch sehr lebhaft in Erinnerung habe, ist der Blumenmarkt, der sich in einer Straße auf dem Fußweg entlangzieht. Hier wird eine solche Fülle von exotischen Blumen angeboten, wie wir sie noch niemals zuvor gesehen haben! Es gibt kunstvolle Blumenkissen, -gestecke, -kränze, -körbe, -figuren und andere Arrangements aus Teilen von Blumen wie Blüten, Knospen oder Blätter, die unglaublich einfallsreich und dabei akkurat verarbeitet werden. Niemand von den Händlerinnen und Händlern sitzt untätig herum, jeder ist emsig mit einer dieser Blumenknüpf- oder Steckarbeiten beschäftigt.

Natürlich gehört zu unserem Besichtigungsprogramm auch eine Edelsteinschleiferei, die in Wahrheit ein riesiges Juweliergeschäft ist. Hier haben die Besucher keine Chance, die Verkaufsräume zu verlassen, ohne an den verlockend glitzernden Schaukästen vorbeizugehen, denn der Ausgang liegt erst dahinter am anderen Ende des Gebäudes.

Immerhin trinken wir einen Gratis-Kaffee und wundern uns kaum, dass etliche unserer Mitreisenden der aggressiven Verkaufsstrategie erliegen.

Nachmittags versuche ich, meine Erkältung durch Schlafen zu kurieren. Der Ausflug zur Krokodilfarm fällt sowieso mangels Beteiligung aus und auch die geplante Klong-Tour findet nicht statt, da die Klongs (Kanäle) gesperrt sind. Denn heute ist die Generalprobe für die Fahrt des Königspaares (Bhumipol und Sirikit) mit der königlichen Barke. Die »echte« Fahrt soll zur unmittelbar bevorstehenden Eröffnung der APEC-Konferenz stattfinden.

Abends gehen wir mangels weiterer Möglichkeiten wieder in die Mingles Bar, denn im anderen Hotelrestaurant wird »korrekte Kleidung« verlangt (die schon im großen Gepäck verstaut wurde) und im Dritten sind alle Tische besetzt. Diesmal esse ich asiatisch. Die blutjungen Kellnerinnen tragen heute zu Polohemd und Tennisfaltenröckchen weiße Socken und dicksohlige Sportschuhe.

Montag, 13. Oktober. Heute haben wir nichts vor. Wir schlafen lange, frühstücken ausgiebig und sehen uns im Hotel und den hier etablierten Geschäften um. Man könnte sich ein Kostüm oder einen Anzug aus Seide maßschneidern lassen, beides würde sogar bis abends fertig werden.

Draußen ist es unwahrscheinlich heiß. Mir geht es noch kaum besser, obwohl ich kein Fieber mehr habe. Deshalb lege ich mich nach dem Mittagessen wieder für einige Zeit aufs Bett. Einmal klopft jemand an die Zimmertür: »Has this room already been checked?« Ich weiß nicht genau, was er meint, antworte aber vorsichtshalber mit »Yes«. Als ich bald darauf über den Flur gehe, bemerke ich einen Trupp Männer in ABC-Schutzkleidung, bewaffnet mit Sprühgerät. Offenbar führen sie einen Krieg gegen Insekten und andere Plagegeister.

Vor dem Nachtflug nach Frankfurt müssen wir wieder auf einem Formular erklären, nicht an einer Erkältung, Husten oder Halsentzündung zu leiden, denn die Angst vor SARS ist nach wie vor sehr groß. Gegen dieses schwere akute Atemwegssyndrom gibt es noch kein zuverlässiges Mittel. Erstmals trat SARS 2001 übrigens in China auf und führte in kurzer Zeit zu einer Pandemie mit über tausend Toten. Allerdings habe ich noch nie einen Flug erlebt, auf dem so viel gehustet und geschnieft wurde wie auf diesem! Die Stewardessen, die – wie in der deutschen Presse zu lesen gewesen war – in solchen Fällen die entsprechenden Passagiere separieren und bei der Ankunft am Zielort den Behörden melden sollten, ignorieren jedoch geflissentlich die erkälteten Fluggäste.

Resümee am 14. Oktober. Eine hochinteressante Reise in das geschichtsträchtige Land Myanmar mit seinen kulturellen Schätzen und außerordentlich freundlichen Menschen liegt hinter uns. Eine Reise, die für mich gerade auch wegen der Begegnung mit diesen Menschen zu den schönsten gehört, die ich bisher unternommen habe!

**

Gerda Brömel: Bücher und E-Books

Aus dem Takt gekommen [Roman, Kiel-Krimi]

Eine Frau in den *zweit*besten Jahren
– Geschichten um Luise-Marie – und 5 Satiren

Eine Frau in den *zweit*besten Jahren (2)
– Neue Geschichten um Luise Marie ... und andere

Farbeffekte, *Kuriose* Geschichten & Limericks

Das Limit. Ausgrenzungen/Eingrenzungen
(Kurzgeschichten)

Begegnungen unterwegs

Auf der Schaukel – Kindheitsbilder 1936 – 1945

Vun wat Fruunslüüd dröömt un annere Vertellen

Der Förde-Nikolaus. Weihnachtsgeschichten

Liebe friesische Freundin (romanhafte Erzählung)

Brömels Geschichten um *schräge* Typen

Gerda Brömel: Veröffentlichungen als Herausgeberin/Bearbeiterin

Johann Ohrtmann »Sind Kriege notwendig?«
Lebenserinnerungen eines Pazifisten und Schulmannes, bearbeitet und für den Druck eingerichtet
von Gerda Brömel

Fritz Ohrtmann/Gerda Brömel (Hg.)
Es gibt keine Mauern – Gedichte

Fritz Ohrtmann/Gerda Brömel (Hg.)
Eine Plattmuschel namens Rosa
Sylter Muschelgedichte

Mein liebstes, süßes Gretchen – Briefe des Postgehilfen Heinrich Mester 1914 – 1916 in: Heft 71
der Heimatkundlichen Arbeitsgemeinschaft für
Nordschleswig

»Entern mag ich auch sehr gern …« Tagebuch von
Kurt Reumann, 1906 Junge auf dem
Segelschulschiff GROSSHERZOGIN ELISABETH
in: Mitteilungen des Canal-Vereins 18

Veröffentlichungen [ohne ISBN] im Bestand der Landesbibliothek Schleswig-Holstein

Fritz Ohrtmann/Gerda Brömel (Hg.)
Glück gehabt! Meine Erinnerungen vom
7. bis zum 23. Lebensjahr

Christian Struckmann – Ein Hundertjähriger
erzählt aus seinem Leben

Mein liebstes, süßes Gretchen – [sämtliche] Briefe
des Postgehilfen Heinrich Mester 1914 – 1918

Grüß mir die Heimat – Friedrich Klähn, [Feld-
post-]Briefe 1914 – 1918